すべて僕に任せてください

東工大モーレツ天才助教授の悲劇

今野浩

新潮社

はしがき

解剖学者にして文明評論家の養老孟司氏は、20世紀後半の日本を「技術者の時代」と呼んでいる。戦後の灰燼《かいじん》の中から立ち上がり、世界から「ジャパン・アズ・ナンバーワン」と畏《い》怖《ふ》される経済大国を築いたのは、技術者たちだという意味である。

技術者は家族のため、会社のため、国のために働いた。そして世界に冠たる技術王国を築いた。一敗地にまみれたアメリカは、日本弱体化の戦略を練った。ターゲットとなったのは、〝日本人（技術者）の働き過ぎ〟である。

これはアメリカが得意とする〝言いがかり〟の1つである。しかしいつものことながら、アメリカの言いがかりには一理ある。企業は優れた製品を作った技術者に、適正な報酬を支払わずに、国内より安い価格で外国に売りまくっていたからである。

もし技術者たちがその貢献に見合う報酬を手にしていたら、アメリカのターゲットは別の方向に向かっただろう。ところがこれまたいつもどおり、政治家や官僚はアメリカの言い分を認めてしまった。

「あなた方の働き過ぎは世界に迷惑をかけています。これからは、年1800時間以上は働かないようにして下さい」

3500時間働いているモーレツ教授は憤慨《ふんがい》した。

「1800時間?! 何を寝ぼけたことを言っているんだ。そんなことしていたらMIT（マサチューセッツ工科大学）に勝てない！」。アメリカは日本人を働き過ぎだというが、MITやスタンフォードの技術者も年3000時間は働いている。人々の生活を向上させるために、1800時間以上働いて何が悪いのか？ しかしこのような声が、ジャーナリズムに取り上げられることはなかったのである。

技術者はもともと寡黙な生き物だが、彼らが声を出さなかったのは、それだけが理由ではない。発言しようにもその場所がなかったのである。かつて国大協（国立大学協会）のスポークスマンを務めた木村孟氏（当時東京工業大学長）は慨嘆《がいたん》した。

「記者会見に集まった新聞記者諸氏に、〝皆さんは、大学はレジャーランドだという記事をお書きになるが、理工系大学は違う。われわれは世界を相手に頑張っている。このあたりのことも少しは書いて頂けないか〟と頼んでみたが、〝それはわかっています。でもそんな記事を書いてもボツになります〟と言われてしまった」と。

わが国には長い間、「文高理低」構造が定着している。たとえば、2003年に出たベストセラー『理系白書』を開くと、文系と理系の生涯所得には5200万円の差があるという記述が目に入る。このような事実が広く知られるようになったためか、大学入試における理工系離れが止まらない。少子化の影響で18歳人口がピーク時の半分に減った上に、一流の技術者になるはずの若者たちも、理工系学部を敬遠するようになってしまった。60年代、70年代に比べると、技術者になろうとする人の数は半減したのである。

わが国の製造業はまだまだ強いという意見がある一方で、安い資源と海外のマーケットを前提に組立てられたビジネス・モデルが大きく揺らいでいる。

ではいかにしてわが国は21世紀を生き延びるか。確実なものがない世の中で、1つだけ確実なことがある。基礎を身に着けた強力な技術者を育てることである。技術力があれば、日本は生き延びることが出来る。その逆もまた真である。

われわれ「20世紀技術者」は、本来の貢献に見合う報酬は得られなかったが、私の友人の中には『理系白書』に登場する人たちのように、あからさまな不平を鳴らす人は少ない。それは彼らが、(90年代に入るまでは)充実した時間を過ごすことができたからだろう。

しかしいまの若者は20世紀エンジニアとは違う。彼らは自らの貢献に見合う報酬をストレートに要求する人達である。企業は優れた技術を生み出した技術者に対して、特別な報酬を用意するなどの対策を講じているが、給与を上げるだけでは、優秀な人達をひきつけることは出来ない。優秀であればあるほど、仕事の内容を選別するからである。

理工系大学とはどんなところか。技術者にはどんな生きがいがあるのか。どんな人達と仕事をすることになるのか。またどうすれば一流になれるのか。残念ながら私は、このようなことを書いた本を見たことがない。養老氏も「エンジニアは顔が見えない」と苦言を呈している。

この本は、革新的金融システムを生み出すために命を賭した「突き抜けたエンジニア」の半生を通じて、これまで知られることのなかった「20世紀エンジニア」と「理工系大学」の生態を紹介する目的で書かれたものである。

東工大組織図

◎大学院重点化前　〜'96年

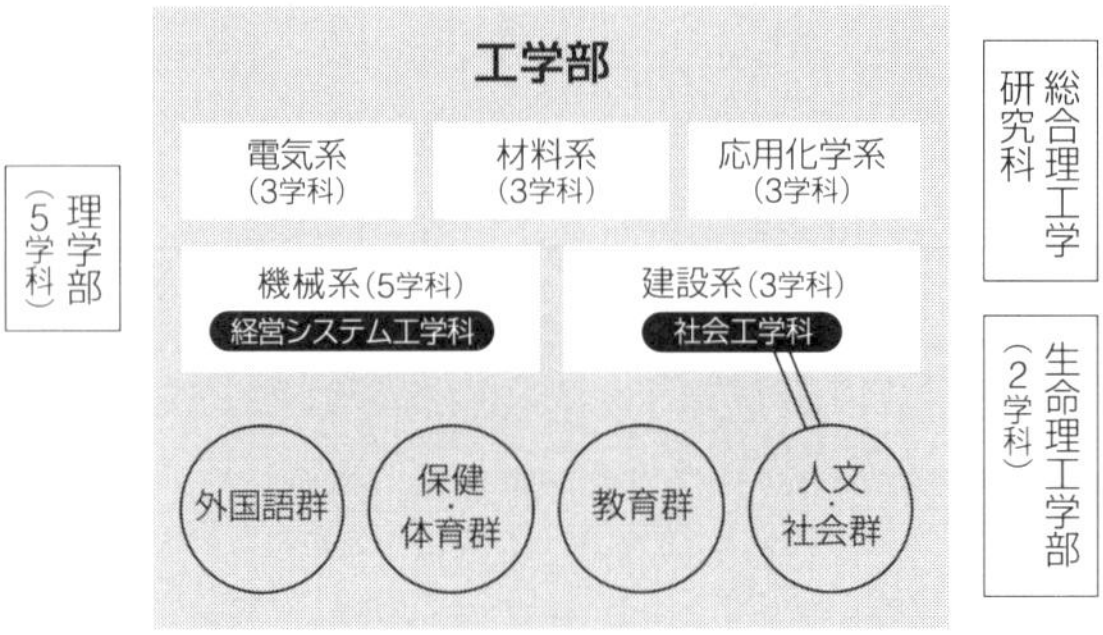

◎大学院重点化後　'96年〜

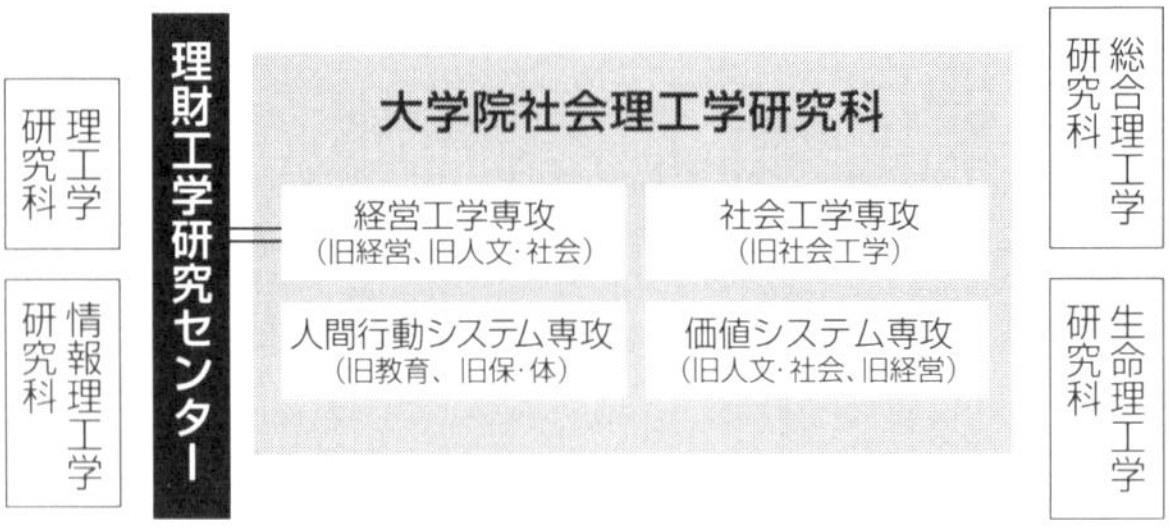

すべて僕に任せてください　東工大モーレツ天才助教授の悲劇　目次

挿画　磯良一
図版　ブリュッケ
装幀　新潮社装幀室

すべて僕に任せてください

東工大モーレッツ天才助教授の悲劇

1章 〝ちょっと変わった〟助手

昭和から平成に元号が切り替わった１９８９年、私は東京工業大学の人文・社会群で統計学を教えていた。東急大井町線の大岡山駅前に広がるこの大学は、それまでの職場に比べると天国のようなところだった。１回90分の講義を週3回、つまり年に１３５時間の講義をやって、月2回の会議に出ればそれですべてというのが、一般教育・統計学教授の任務だった。これに対して、前任地である筑波大学では、年２５０時間の講義のほかに月10回以上の会議があった。

同じ国立大学でありながらこれだけ違いがあるのは、ここが〝文系の一般教育組織〟であるのに対して、筑波は〝新設の工学部〟だったからである。日本で2番目に過酷な職場から、「東工大のオアシス」に移籍した私は、鉄の玉を引きずっていたジャン・バルジャンが、９年目の朝突然釈放されたような無重力感を味わった（なお以下では団体組織名称などは当時のものを採用する）。

私より3年早く筑波大学から人文・社会群に移籍した前原昭二教授は、「君のような若い人が、こんな養老院みたいなところに良く来たねえ」といって歓迎して下さったが、養老院とは良く言ったものである。

赴任した1982年当時、この学科には12人の教授と5人の助教授がいたが、40代の教授は私1人だけだった。最年長は3年後に停年を迎える永井陽之助教授（政治学）、次が4年後に停年の飯田賢一教授（技術史）、そして福田豊彦（歴史学）、吉田夏彦（哲学）、前原昭二（論理学）、道家達将（科学史）、飯島茂（文化人類学）教授らも、5～6年後には停年を迎える熟年教授である。また江藤淳（文学）、香西泰（経済学）らの〝若手〟教授も、私より10歳近く年上である。

東京工業大学人文・社会群は、かねて文系一匹狼たちの居城として知られていた。古くは、文部大臣を務めた永井道雄、戦後の心理学ブームの火付け役である宮城音弥、創造性開発技法「KJ法」で有名な川喜田二郎などの伝説的大物もここの住人だった。

大学首脳部にとって、しばしば新聞やテレビに登場して、〝くすんだ〟イメージの東京「工業」大学の広告塔を務めてくれる文系スターは貴重な存在だった。世間の人は吉田夏彦は知らなくても、テレビで見かける江藤淳と永井陽之助なら知っていた。ふつうの国立大学では二級市民扱いの一般教育グループが、一・五級市民待遇を受けていたのは、これらスター教授たちのおかげである。

文系大物集団に紛れ込んだ〝純真な〟エンジニアは、最初の1年間、互いに反目しあう大物教授たちのバトルに翻弄され続けた。学科会議でいつも隣の席に座る奥脇助教授（法学）は、「ほらほら、また始まったぞ」と、飛び交う言葉の矢を楽しんでいたが、私には何が問題なのかすらわからなかった。

吉田教授と江藤教授が犬猿の仲であることは、はじめから知っていた。これは保守本流同士の確執である。一方、永井教授と江藤教授の折り合いの悪さも半端ではなかった。江藤教授を口説いて連れてきたのは永井教授だが、文学が専門だったはずの江藤教授が領空侵犯して、政治問題に口を出すようになって以来、衝突を繰り返していた。三角形の第三辺にあたる永井教授と吉田教授の関係もこじれていたが、これは情緒と論理の対立といえばよいであろう。

大物たちの間に入って調停役を務めるのは、人柄の良い道家教授である。かつては民青の東工大支部長として令名を馳せた人だが、時代は変わり、今では学内の厄介問題処理担当教授として人望を集めていた。

吉田・道家ラインで採用された私は、周囲からは吉田派だと思われていたはずである。そのとおり、私は吉田派だった。文理両道に通じ、博覧強記で理路整然とした吉田教授は、〝ブンジニア〟、すなわち文理両道のエンジニアを目指す私の憧れのスターだった。しかし江藤教授も、都立日比谷高校の後輩である私を自分の仲間だと思っていた。

着任してまだ2年にしかならない若輩者が、学科主任を務めることになったのは、三巨頭の誰とでも適当にやれるのは、無原則・無節操なエンジニアだけだったからである。

はじめのうち、文系教授のレトリックにやられっ放しだった私だが、3年目にはボロ負けすることはなくなった。彼らがマックス・ウェーバーやジョン・メイナード・ケインズなどを引き合いに出して、理系人間を眩惑《げんわく》しようとするときには、数学者バートランド・ラッセルやジョン・フォン・ノイマンに応援を求めた。

たとえば、〝従来の延長線上で云々〟といえばすむところを、〝このプロセスの解析接続で云々〟と言えば、文系教授は深追いしてこなかった。永井・江藤両教授は強度の数学コンプレックスを患っていたから、そこを少しつついてやればいいのである。主任として1年を過ごすうちに、私は文系スター教授たちのロゴスとエートス、そして弱点を知った。

主任は10年に1回の任務だといわれていたから、当分は気楽な生活が出来るはずだった。ところが4年後の1988年、再びこの仕事が廻ってきたのである。本来であればK教授の当番だったが、役所関係の仕事が忙しいので替わってもらえないか、と頼まれたのである。

この年の私は、週刊誌の連載や、国際シンポジウムの実行委員長などの仕事が重なっていた。しかし私は、〝頼まれたことは断らない〟というエンジニアの基本倫理に従って、この仕事を引受けた。このときK教授は、マキシムでフランス料理のフル・コースをご馳走してくれると言っていたが、この約束は今に到るまで果たされていない。

工学部の専門学科では、1つの講座に教授1、助教授1、助手1の定員がある。つまり教授であれば必ず1人の助手がつくのだが、人文・社会群の場合は、12人の教授に対して助手ポストは5つしかない。

「あなた方の主たる任務は、(その他大勢の学生に対する)一般教育です。研究はやりたければおやり下さい。しかし研究費はあまり出せません。また助手ポストも最小限とさせて頂きます」。これが文部省のやり方だった。

しかし、戦後間もなく学長を務めた和田小六氏は、理系オタクの発生を防止するため、文系スタッフを優遇した。その1つの表れが、規程では2つしかないはずの助手ポストを、3つ〝融通〟したことである。もちろん、この程度ではオタクの発生を防ぐことは出来なかったが、人文・社会群が文系大物たちの拠点となったのは、これらの優遇作戦が効を奏したおかげである。

5人の助手のうちの2人は、それぞれ哲学と科学史の専門家で、このポストに就いてかれこれ20年になる大物である。実力はあるが、様々な事情で昇任の可能性も転出の見込みも薄いと言われていた。3人目はパニック心理学のパイオニアとして活躍していたが、博士論文がまとまるまでにもう2年はかかるという。4人目の文学助手は、近々私立大学に転出することになっているが、このポストは江藤教授の既得権になっている。そして5人目の考古学助手も、この分野の需給状態から見て、長逗留《とうりゆう》になるのではないか、と懸念されていた。これが1988年4月の状況だった。

ところが1988年の秋に、突然考古学助手の移籍が決まった。暫く前に設立された国立研究所に、助教授として招かれることになったのである。歴史学教授はこの前年に停年を迎え、空席になっていた。技術史教授も翌年停年になる。科学史はまだ助教授だから、強い主張は出来ない。

こうしてこのポストは、自然の成り行きで、2度目の学科主任を務める私に廻ってきた。大学という世界に身をおいて15年目にして、はじめて助手を採用できることになったのである。

助手を採用するに当たっては、あらかじめ有力な研究者に、優秀な人材を廻してもらうよう頼んでおく必要がある。有力教授のところの優秀な学生は、博士号取得が確定する秋口には嫁入り先が決まる。だから12月という時点で残っているのは、いわば〝いき遅れた〟人たちである。

東工大の助手なら、なりたい人はいくらでもいる。しかし変な人を採用すると、とんだ苦労を背負い込むことになる。助手はレッキとした公務員だから、おかしな人でも軽々にやめさせるわけにはいかないのである。

工学部の場合、助手は3年から5年で次のポストに移籍するのが理想である。優秀な人は27か28で博士号を取って助手となり、30代半ばに有力大学の助教授ポストを手に入れ、40代半ばには教授に昇進する。しかし研究成果が上がらなければ、助手のまま長逗留となる。思い切りのいい人は適当なところで転出先を見つけるが、40歳の大台を超えるとなかなか声がかからなくなる。

　助手採用が確定した12月末、私は一流大学の有力教授たちに声をかけた。しかし一流博士たちはすべて売り切れだった。どうしようかと思っていたところに、思いがけない話が飛び込んできた。経営システム工学科の森雅夫助教授が、「あのポスト、まだ空いていますか？」と問合わせてきたのである。

　同じ年に赴任した同期生という関係で、私は何かあるとまずこの人に相談することにしていた。暫く前に頼んだときは、いい学生がいたがもう売れてしまったという返事だった。ところが嫁入り先の大学が、突然入籍を2年先に延ばして欲しいと言ってきたのだという。前例のない大失態だが、新設大学特有の複雑な事情があるためだ。

「もしまだポストが空いていれば、2年だけ預かって頂けませんか」。これが森助教授の依頼だった。渡りに船だが、次の言葉を聞いて私はやや怯《ひる》んだ。

「白川浩君は、経営では7年ぶりの課程博士です。数学的能力ではこの人の右に出る人はいませんが、ちょっと変わったところがあるので、御迷惑をおかけすることがあるかもしれません」

　東工大は突出した天才たちの棲家《すみか》である。バランスの取れた秀才たちは、理系・文系満遍なく勉強して東大に進む。東工大に入るのは、数学や物理には滅法強いが、英語や社会科が嫌いな人が多いのである。

東工大に勤めて6年の間に、私は〝ちょっと変わった〟天才たちを沢山見てきた。提出しさえすれば単位をもらえるレポート課題に、2万円の調査費と150時間を費やしたN君。この人は小学生時代、自宅の庭に穴を掘っては、それを埋めるという作業を1年間繰り返したということだ（石油でも出ると思ったのだろうか？）。

どんな難しい定理でも、直感的に理解してしまう数学の天才G君。そして、高校時代以来1冊の小説も読んだことがないと豪語するM教授。句読点が5つしかない800字の文章を書くK教授。こんな人がウヨウヨいるのだ。

東工大出身の森助教授は、もちろんこういう人達を沢山知っているはずだ。だからこの人が〝ちょっと〟変わっているといえば、それは〝超〟がつく変人であることを意味していた。しかしどんなに変人だとしても、2年で転出してくれるのなら、それほど心配することはないだろう。

「わかりました。それでは一度白川君に会わせて下さい。人文・社会群がどんなところか、私から説明することにしましょう」

2章　「天才くん」登場

森助教授と話したあと、私はかねてから知り合いの吉瀬章子女史に電話をかけた。この人は白川の2年後輩で、本籍は白川と同じ森研究室だが、博士課程に入ってからは研究テーマの関係で、情報科学科の小島政和教授に預けられている才媛である。

森助教授は、常に学生のことを最優先する人である。自分の学生がよその研究室に出入りしても、差別するようなことはなかったばかりか、それを支援していたくらいである。優秀な学生の奪い合いをしている教官の中で、これだけ度量の広い人はめったにいるものではない。

「吉瀬さん。ちょっと教えてもらいたいことがあるので、手が空いたときに僕の部屋まで来てもらえませんか」

「はい、わかりました」

吉瀬女史はすぐ飛んできた。ボーイッシュな髪型とジーパン姿が良く似合う美人である。

「聞きたいというのは白川浩さんのことなんだけど、どんな人ですか？」

「白川さんはスゴイ人です。ともかくスゴイ人としか言いようがありません。森先生は『天才くん』と呼んでいます。数学はめちゃめちゃ強いし、それ以外の科目もよく勉強していて、授業ではいつも一番前の席に坐って、先生が何か間違ったことを言うと、直ぐそれを指摘するんです」

私は学生時代に耳にした、若き日の一松信博士と微分方程式の権威、福原満州雄東大教授との間で繰り返されたバトルを思い出した。福原教授が黒板に特殊関数の複雑な数式を書くと、一番前の席に坐っている一松青年が間違いを見つけ出し、その都度指摘したという伝説である。

学生に間違いを指摘されると、怒り出す教授もいる。こういう人は大方実力のない教授である。実力教授はめったに間違わないし、間違いを指摘する学生には、「お前良く出来るな」と、かえってうれしそうな顔をするものである。一松対福原の関係はそんなものではなかったか。では白川の場合はどうだったのだろう。

「良くできる学生がいてくれると励みになりますが、間違いを指摘されると困る人もいるでしょうね」

「そうなんです。だから先生たちの間では評判が良くないという噂です。でも白川さんは本当にいい人で、わからないことがあると、私はいつもこの人に聞きに行っていました。そうすると、何度でも丁寧に教えて下さるんです」

「ちょっと変わったところがあるって聞きましたが、そんなところが原因なんですかね」

「いいえ、違うと思います。あの人は本当に変わっているんです。学生たちの間では、一体いつ家に帰るのだろうって噂ですし、本にはスミからスミまでびっしり赤線が引いてあるんです。一行一行に定規を当てて、その内容を理解したらアンダーラインを引くのだそうです。ところがどの本も、ビッシリ赤線が引いてあるんですよ。しかもそれが、ドゥープやロッカフェラーの本なんですから驚いちゃいます」

「ロッカフェラーを全部読み切ったんですか。あれは僕にとってバイブルのような本ですが、半分読むのに1年かかりましたよ。でもそれは変わっているというより、良く勉強しているということですよね」

「そうです。凄い勉強家です。真夜中まで勉強していて、朝早く学生が大学に出てくると、エレベーターの中で寝ているんです。研究室にはソファがあるのに、エレベーターで寝るなんて変わってません？」

「つまり、エレベーターに乗って、6階から1階まで下りてくる間に眠ってしまうってことですか？　お酒でも飲んで酔いつぶれたんでしょう」

「それが、白川さんは一滴もお酒を飲まないから不思議なんです。変わったことといえば、あとは声が大きいことでしょうね。この話は内緒だからね、といって小声で話し始めるんですが、いつの間にかドアの外まで聞こえるような大声になって、内緒話どころではなくなるんです」

「そうですか。それは少し変わってますね」

「でも本当にいい人ですから、是非よろしくお願い致します」

「もう知っているんですか?」

「さっき森先生と大声で話していたので、聞えちゃいました」

森助教授に連れられてきた28歳の青年は、20歳年長の私の前で小さくなっていた。背丈は165センチの私より5センチほど低いが、体重は70キロくらいはありそうだ。頬は紅潮し、青年というより少年のように見えた。体型に合わない背広には、ボタンが1つしか付いていない。ネクタイの締め方がおかしいのは、滅多にネクタイなど着用したことがないせいだろう。

森助教授は白川を紹介したあと、会議があるといって席を外した。すると少年はますます小さくなった。

「森先生から事情は伺いました。せっかく決まっていたのに、2年延期なんてひどい話ですね。人文・社会群は文系教官の集まりで、理系出身者は私くらいしかいませんが、そのことは知っていますか?」

「はい、知っています」

「教官は皆大物ですから気を使うかもしれませんが、あの人達は外の仕事が忙しくてあまり大学に出てきませんから、そう邪魔にはならないでしょう」

「僕はどんな仕事をすればいいのでしょう?」。やっと聞き取れるくらいの小声である。

「当面それほど仕事はないはずです。僕の研究室には、社会工学科の大学院生が3人います が、彼らは僕が面倒を見ます。4月になると、ベトナムから君と同じ年頃の数学者がくることになっているので、その人の面倒を見てもらえると助かります」

「それだけですか?!」

「東工大のオアシスと呼ばれている人文・社会群ですからね。2年間十分に勉強して下さい。それより、昨年の4月からやっている、OR学会の『投資と金融のOR』研究部会を手伝ってもらえませんか?」

OR(オペレーションズ・リサーチ)というのは、数理的手法を用いて、個人や組織上の問題を解決するための方法のことを言う。

「それなら任せて下さい。僕はこれまでやって来た『待ち行列』の研究はやめにして、ファイナンスをやるつもりですから、願ってもないことです」

「へェー、ファイナンスに関心があるんですか? それじゃあ、ハリソン、クレプス、プリスカたちの仕事を知っていますか?」

「あれは凄い理論です。僕はあれを知って、ファイナンスをやる気になったんです」

「僕はプリスカとは同期生なんですよ。ハリソンは2年先輩です」

「知っています。先生がスタンフォード出身の大秀才だということも」

「ハリソンは間違いなく天才です。でも僕は大秀才ではありません。スタンフォードでは標準というあたりでしょう」

「先生は3年でPh.D.を取られたんですよね」

「君も経営では7年ぶりの課程博士で、3年で学位をとった極めつきの秀才だと聞いています」

「経営には僕よりできる人もいたんですが、博士課程に行こうとする人はいなかったんです。博士になっても、ポストがあるかどうかわからないし、この学科ではなかなか博士にしてもらえないという噂があったんです。僕も最初は就職しようと思っていましたが、事情があって大学院に進みました。でも最後の最後まで、本当に博士になれるかどうかわからなかったんです」

「そうですか。苦労したんですね。でも取れることが決まったんだから、これからは自由にやるんですね」

博士号を取得するには2つの方法があった。1つは学部を卒業したあと、修士課程を経て博士課程に進み博士となる方法である。これがいわゆる「課程博士」である。

2つ目は、いったん社会に出て研究実績を積んだあと、(通常は自分が卒業した大学に)博士論文を提出して学位を得る「論文博士」である。10年ほど前から、社会人がパートタイムで博士課程に在籍して論文を書く「社会人博士課程」が新設されたが、当時このような制度はなかった。

課程博士の場合は、3年の在学期間中に所定の単位を取得し、レフェリーつき論文（専門家による審査を受けた論文）を2編以上発表した上で博士論文を書く。この論文は、指導教官を委員長とする5人の選考委員会で予備審査を受ける。経営システム工学科ではこれを「下読み会」といっていたが、これが全プロセス中の最難関である。

予備審査をパスすると、公聴会と称する公開発表会が行われる。そして特に異論が出ない場合には、審査委員会で最終審査を受け、これに合格すると口頭試問を経てめでたく博士となる。

優秀な学生は修士時代に書いた論文を専門誌に投稿し、レフェリーの（意地悪な）査読をくぐり抜け、博士課程の1年目にレフェリーつき論文1編を手にする。そして2年目にもう1編を完成させて、3年で博士号を取得する。しかし、すべての学生が3年でこの条件を満たすことが出来るわけではない。5年経っても博士号を取れなかった人は、ここで「満期退学」となる。

博士になった学生は、運が良ければ一流大学の助手、もしくは国の研究機関の研究員ポストを手に入れ、研究者社会の階段を昇っていく。もちろん全員が一流のポストにありつけるとは限らない。二流、三流でも、ポストがあれば幸運な方である。博士号を取ってもポストがない「オーバー・ドクター」は、期限付きの研究員としてあちこちを渡り歩く羽目になる。

企業に雇ってもらうという手もあるが、一般に企業は博士課程修了者を敬遠する傾向が強い。なぜならこれらの人たちは既に30近くになっているし、自分の研究テーマを持っているので、ほかの仕事をやりたがらないからである。企業としては融通の利かない博士よりも、柔軟性がある修士課程卒業者を採用し、実務で学ぶオン・ザ・ジョブ・トレーニングを施した方が都合がいいというわけだ。

企業の研究職に就いた修士たちは、給料をもらいながら研究実績を積み、何年かして論文を提出して「論文博士」になることができる。もちろんこの場合、課程博士より少々厳しい条件が課せられる。レフェリーつき論文5編以上といった条件である。

こう書くと、読者は極め付きの大秀才、もしくは確固たる研究テーマを持っている人でなければ、博士課程に進むのは損だとお考えになるだろう。そのとおり。実際ほとんどの学生は修士課程を出て就職した。たとえいくばくかの奨学金をもらっても、3年にわたる時間とコストを回収するのは、(日本では)容易なことではないからである。

博士課程に進んで研究者への道を目指す学生にとって大事なことは、指導教官の研究能力、指導能力、人柄、研究資金獲得能力、学界における評判などを、学部学生時代によく見極めておくことである。

バリバリの研究者であれば、倉庫の中にたくさんの研究テーマを抱えている。その中から適切なものを選び出して学生に分け与える。学生は指導教官の適切なアドバイスの下に、たちまち論文を完成させる。これを教授との共著論文として発表すれば、教授の名声のおかげで、レフェリーつき論文が出来上がるというわけだ。

運が良ければ、博士課程の2年目には資格条件をクリアすることもできる。いったんこれをクリアしてしまえば、博士論文を完成させるのはそれほど難しくない。実力教授が指導教官であれば、下読み会での審査も形式的なものとなりがちである。あの教授の学生なら間違いがないだろう、というわけである。そもそも指導教授以外は、博士論文の細かい内容は理解できないことが多いのだ。実力教授のところの学生には、他大学からのお呼びも掛かりやすい。

一方実力のない教授、面倒見の悪い（人柄の悪い）教授、時代遅れの研究に熱中している教授に当たった学生は不幸である。このような教授の下で優れた実績を挙げることは難しいからである。

さて教官の側から見ると、課程博士を受け入れるということは、その学生と長期にわたる1対1の契約を結ぶことを意味する。実験系の分野であれば人手が必要だから、多少ボンクラな学生でも使い道はある。しかし経営工学の場合、研究は理論と計算が勝負だから、余程優秀な学生でなければ引き受けたくないというのが人情である。何年経っても博士になれない学生を抱えると、他の学生の志気に影響するし、学科内での自分の立場も悪くなる。そして博士号を取らせても就職口がなければ、研究者としての沽券にかかわる。

私の学生時代の指導教官である森口繁一教授は、3年に1人以上は博士課程に学生を受け入れないという方針を取っていた。それ以上受け入れると、過大な責任をかぶることになるからだ。したがって、ほとんどの学生は修士課程を出て就職した。何人かは、後に論文を提出して博士となったが、森口教授が60歳で停年退職したあと、道は閉ざされた。この結果、私の先輩後輩の中には、極めて優秀であったにもかかわらず、最後まで博士になれなかった人もいる。

企業に勤めている人は、博士号がなくてもどうということはないが、国立大学の工学部で博士号を持たない研究者は悲惨である。これらの人は決して教授になれないからである。

当時の文部省は大学院を学部の付け足しと見ていたから、博士課程が定員割れを起こしても文句をつけなかった。しかし経営システム工学科には、教授と助教授が5人ずついたのだから、仮に1人あたり3年に1人としても、学科全体では毎年1人か2人の博士が出てもおかしくなかったはずだ。7年間1人も出なかったのは、教授たちの間に確執があったためである。

国立大学の中で、経営システム工学科があるのは東京工業大学だけだから、この学科は全国の〝頂点〟に位置していた。私がこの大学に移った当時、この学科の5人の教授たちは、いずれもその分野の第一人者と呼ばれた〝大物〟たちである。どの2人の教授も互いに犬猿の仲という、某有力私立大学の経営工学科ほどではないにしても、この学科の教授たちの仲の悪さは関係者の間でよく知られていた。

下読み会は何とかくぐり抜けたものの、仲が悪い教授たちが気分次第で発する要求に応えるため、白川は何回も論文を書き直さなくてはならなかったという。博士号を出すことが決まった以上は、気持ちよく送り出してやればよさそうなものを、細かいことで苛めて一生恨まれるのは愚かなことである。学生の恨みを買うと、時として極めて大きな代償を払わせられることになるからである。

普通の学生は、嫌がらせを受けても教授の権威の前に泣き寝入りする。しかし中には本気で戦いを挑んでくる人もいる。いまのところは、教授のスキャンダルを暴くくらいで済んでいるが、アメリカでは、博士論文の指導や審査をめぐって銃殺されたり、ハンマーで頭蓋骨を叩き割られる教授が時折ニュースになる。博士論文には学生の一生がかかっているといっても、決して誇張ではないのである。

3章　4000時間のバケモノ

白川の数理的能力は、高校時代から傑出していた。有名進学校である神奈川の桐蔭学園高校は、徹底した能力別クラス編成で知られているが、白川は理数系では3年を通じて18クラス中のトップに所属し、このクラスでも数学・物理では1、2を争う成績だったという。つまり理数能力は、900人中のトップだったということだ。

ところがこの人は、国語や英語では18クラスの最下位周辺を行ったり来たりしていた。類い稀《まれ》なる理数能力は、問題含みの言語能力と著しい対照をなし、常人が口にしないあからさまな言葉は、いつも私を驚かせた。

「君は白痴のような顔をしているけれど、見掛けより頭はいいんですね」、「××学科は○ンポ教授の巣窟だ！」、「××教授の数学力は幼稚園児以下です」等々。並外れた大声でこんな言葉を発するのを聞きながら、私は森助教授の言葉を思い出していた。「誤解を招き易い性格なので心配です」

いまのところ、私はスタンフォード出身の大教授ということになっているが、よほど頑張らないと、早晩「白痴、◯ンポ、幼稚園児」グループに組入れられてしまう。そうならないためには、エンジン全開で研究に取り組まなくてはならない――。

幸い私は暫く前に、2つの大きな鉱脈を掘り当てたところだった。周りには何人もの優秀な学生がいたから、これらの人々の協力を得て論文を量産した。したがって、暫くの間は◯ンポ教授に転落せずに済みそうだった。

博士論文審査にかかわる嫌がらせから解放された少年は、東工大のオアシスでのびのびと勉強していた。日曜以外は、朝10時から夜12時まで研究室にこもっていたはずである。これで50週働くと年4000時間になる。この大学では、年3500時間働く人は珍しくないが、4000時間超は5人もいないだろう。1年365日は8760時間しかないのだから、その半分を勉強に割いていたわけだ。

ある朝早く、私は白川の研究室に出向いた。出勤したら直ぐに連絡が欲しいというメモをドアに貼り付け、ためしにノブを回したところ、鍵は掛かっていなかった。もしやと思ってドアを開けると、4畳半ほどの小部屋の床に広げた新聞紙の上で丸くなっている男を発見した。昭和30年代に作られた安普請ビルの6階にあるオフィスの、固定されていないスチール・ケースの真下で寝ているのである。

眼を覚ました少年は、「計算をやっているうちに最終電車に乗り遅れたので、ここで寝ることにしました」と弁解した。そういえば、暫く前に次のようなやり取りをしたことがあった。

「化学科のやつらはバケモノです」

この人が〝バケモノ〟と言えば、それは最大級の賛辞である。

「何があったんですか？」

「真夜中まで試験管を振ってるんです。あれじゃあ、白血球が３０００しかなくても当たり前ですよ」。ちなみに、成人男子の平均は５０００である。

「あの人たちにとっては、実験が命ですからね。でも森末先生の話では、２６００以下になると休ませるということですよ。それはそうと、何時頃までやっているんですか？」

「12時は当たり前です。２時過ぎまでやっていることもあります」

「ところでそんな時間まで、君は何をしていたんですか？」

「プログラムを書いていたんですが、窓越しに本館の中が見えるんです」

「それじゃあ君もバケモノじゃないですか」

「そう言えばそうですね」

たまたま最終電車に乗り遅れたというが、私はその言葉を信じなかった。家に帰らずに、いつもこんな風にして寝ているのではないか？

「こんなところで寝ていると身体を壊すよ。第一、こんな重たいスチール・ケースの真下でよく寝ていられるね。地震が来たら一発でアウトだよ」と注意したが、効果はなかったようだ。

この人は時折、別棟にある私のオフィスにやってきて、「おはようございます。済みませんが冷蔵庫を使わせて下さい」といって、袋から2つの弁当箱を取り出す。家から持って来た2日分の夜食を置かせて欲しいというのだ。

当時の国立大学では、自分のオフィスに冷蔵庫や電子レンジを設置するのは大変なことだった。ソファ・ベッドを買うのは、それ以上にむずかしかった。〝大学には私物を置いてはならない。寝泊りも禁ずる〟などの規則があったからだ。〝私物を置いてはならない〟を言葉どおり解釈すると、教官はオフィスの前でスッパダカになり、国から支給される下着、制服に着替えて仕事をしなくてはならないことになる。

冷蔵庫は公費で買えるが、それには理由書が必要である。私は〝実験試料の写真を撮り、それを現像するための現像液を冷蔵保管しておく冷蔵庫が必要となりましたので、購入をお認め下さい〟という文書を提出して、何とか事務局に認めてもらった。これを筑波から大岡山まで運んできたのだが、人文系の教官は実験などするはずはないから、こんなことを書いても通らない。日本文学が専門のK教授のところには、ビールを山積みにした冷蔵庫が設置されていたが、この人はどんな文書を書いて事務官を丸め込んだのだろうか。

白川少年の純朴な人柄と研究に対する情熱に惚れ込んだ私は、しばしば昼食に誘って話を聞いた。そこでわかったことは、この人が私と良く似た少年時代を過ごしたということだった。

白川浩と今野浩。どちらも次男である。そもそも親たるものは、長男には「浩」などというありきたりな名前は付けないものである。実際、白川にも3つ違いの兄がいた。そしてその人は、弟と違ってバランスのとれた秀才だった。優秀な兄と問題含みの弟。

父親は電源開発に勤める技術者で、単身海外出張が長かったという。私の父も地方国立大に勤めていたため、いつも留守がちだった。だから、家の中は母親のやりたい放題だった。こういう家庭に育った次男は不幸である。兄に対するコンプレックスを持ち、母親に頭が上がらない次男。

白川は文系教官たちから可愛がられた。マックス・ウェーバーもトーマス・マンも知らないとはいっても、東工大教授のほとんどはそうだったし、文章に難があるとはいっても、きちんと句読点は打ってあったからである。

彼らにとって、白川は驚異的変奇人だった。真冬でもワイシャツ1枚で過ごし、捲《まく》り上げた腕に数式を書いている男。昼も夜もマクドナルドのハンバーガーをコーラで流し込む男。目黒の銀行まで30分かけて自転車でお金を下ろしに行く男。この大学でもこんな人は白川1人だけである。

一方白川は、文系教官集団を「びっくり箱」と呼んでいた。白川にとって、彼らは完全なエイリアンだった。私も赴任当初は、文系教授たちの生態を見て驚いたものだ。筑波でも多数の変人たちを見てきたが、理系の変人たちは文系の変人に比べれば遥かに可愛らしかった。彼らの大半は、自分の専門のこと以外には関心のない「オタク」である。これらの人の多くは、他人に害を及ぼすことはないから、放っておけばそれで良いのである。

しかし文系の変人は一筋縄ではいかない。その代表は論壇のエース江藤淳教授である。そこで1ダース余りの逸話の中から、比較的正常なものを2つ紹介しよう。

その1．学科主任を引受けるにあたって、吉田教授と〝手打ち〟をするので同席して欲しいと頼まれ出席したところ、会場は向島の「亀清」なる高級料亭で、6人の教官に1人ずつきれいどころがついた。どんな料理が出てきたのか記憶がないが、忘れられないのは、翌日送られてきた21万円也の領収書の写しである。これを6で割って3万5千円を支払わされた私は、このうち少なくとも2万円は江藤教授が負担すべきだと考えた。なぜなら誰も、芸妓をよんでほしいと頼んだおぼえはないからである。

その2．念願の鎌倉に自宅を構えたあと、市役所の役人の勤務実態に憤慨し、週刊誌でその実態を告発したことがあった。12時前に職場を抜け出して、昼食を取る職員が多いのはけしからんというのである。

東工大教授のほとんどは、朝から晩まで研究室に張り付いているから、ウィークデーの昼間に市役所で見張りをしている暇はない。学内では、他人の勤務状態はともかく、自分はどうなんだという声が多かったが、本人は、〝人間と社会を観察して、それを文章にするのが文学者の仕事だ〟と反論した。

江藤教授の普通でない物語はこれくらいにして、次に変奇人の白川が私淑した哲学助手のF氏を紹介しよう。

この人は朝早く〝家から叩き出されて（自称）〟大学にやってきて、夜遅くまでせっせと原稿を書く。そして年1冊ずつ自費出版して、門外漢の私にまで献呈してくれるのだが、研究費はもちろんボーナスをつぎ込んでも足りず、他人の研究費をあてにする困った人である。私にまで配るくらいだから、学科のメンバーすべてに贈呈していたはずである。しかし吉田教授は「資源の無駄遣いだ」と言っていたし、江藤教授も「商品価値のない本を書いても意味がない」と冷笑していた。

誰からも相手にされないF助手は、しばしば白川の部屋を訪れ、ロールズの「正義論」を講義してくれた。正義論を応用して、私道をめぐる10年越しの住民紛争を解決した『私道と公道の物語』は、少年を感動させた。「Fさんはバケモノだ！」

周囲は、このいわくつき助手と懇意にしている純朴な青年を心配してくれたが、その必要はなかった。F助手はこの翌年、50歳を迎える直前に、地方の私立大学に教授として転出していったからである。

しかし驚いたのはそのあとである。F教授は、3年後にこの大学の学長に選出されたのである。3年前に助手だった人が学長！　助手、助教授、教授、学長と3階級特進である。地方の私立大学とはいっても、学長は学長である。暫くしてひょっこり私の研究室に姿を現したF学長が、「いま末松君に会って、大綱化についてアドバイスしてきた」と曰《のたま》ったとき、私は世の中ではどんなことも起こるものだと驚嘆したのである。ちなみに末松君とは、東京工業大学のワンマン学長末松安晴氏のことである。

白川が助手になったとき、私の研究室を訪れていたのが、白川より1つ年上のパン・ティアン・タック青年である。ベトナムの数学者で、国立ハノイ数学研究所の所長を務める大御所、ホアン・トイ教授の直弟子である。

ベトナム人といえば眼光炯々たる闘士というのが私のイメージだった。トイ教授はまさにこのタイプの老人で、ベトナム戦争中はジャングルに身を隠し、昼間は農作業、夜は月明かりで数学の研究に励んだというすごい人である。一方のタック氏は丸顔の鷹揚な青年で、かつて通産大臣を務めた大物の息子である。

国からもらった研究費で、3ヶ月間この人を東工大に招待したのは、前年のシンポジウムで17年間苦しめられた難問を解くヒントを頂戴し、この人と一緒にやればもっと難しい問題も解けるかもしれないと思ったからである。

タック氏は白川以上の数学的能力を持っていた。そして白川と同じくらい性格も良かった。人の好い白川はタック氏と意気投合し、英語でいろいろやりあっていた。英語力は18クラス中最下位の白川少年は、フンボルト奨学金で2年間ドイツに留学し、英語もドイツ語も堪能なタック氏を知って衝撃を受けたようだった。

白川少年の夢は、アメリカの一流大学に留学することだった。3年先輩の木島正明氏の影響だろう。この人は博士課程の途中でニューヨークにあるロチェスター大学に留学してPh.D.を取り、3年前から情報科学科の助手を務めていた。学科は違ったが、白川にいろいろアドバイスを与える傍ら、アメリカの話を聞かせたのだろう。

白川が新設私立大学のポストを受けたのは、助手でなく助教授として採用してくれるということと、近い将来海外留学させてくれるという、東工大OBの大村副学長の言葉を信じてのことだった。

タック氏と3ヶ月を暮らす間に、白川の英会話能力は急上昇した。高校時代はアメリカ留学のことなど考えもしなかった青年は、まじめに英語を勉強する気になれなかった。だから最低クラスに所属しても意に介さなかった。東工大を目指すこの少年にとって、試験のウェイトが低い国語や英語はどうでも良かったのだ。

タック氏がベトナムに帰ってからも白川は英会話に力を入れ、アメリカ、アメリカと叫んでいた。これだけアメリカに行きたがっている青年を放っておくわけにはいかない。こう思った私は、夏休みを利用して、社会工学科の助手をしていた1つ年上の久野誉人と白川を、スタンフォード大学に送り込むことにした。

確率モデルの権威として知られるアイグルハート教授は、空いていたオフィスをこの2人に提供し、身元引受人としていろいろ便宜を図ってくれた。白川は丸3週間研究室に閉じこもり、様々な文献を読みまくっていたという。

久野・白川の米国珍道中は、仲間たちの間で酒の肴となった。3週間飽きもせず、ハンバーガーをコーラで流し込む食生活や、高速道路の逆走に付き合わされて危うく命を落しかけた久野は、「白川と旅行するのは二度と御免だ」と叫んでいた。

帰国後、この青年のアメリカ志向は更に強まった。無理もない。ここで3年間留学生活を送った私は断言する。スタンフォード以上に素晴らしい大学は、世界中どこを探してもないからだ。

スタンフォード大学は、サンフランシスコの南約60キロのところにあって、一年中乾いた初夏のような気候に恵まれている。全米で最も美しいと言われるキャンパスは、東工大の大岡山キャンパスの100倍以上もある。その上、ここにはマイロン・ショールズ、マイケル・ハリソン、ダレル・ダフィーをはじめとする豪華な教授陣が揃っている。

留学先はここに決まったようなものだった。新しい大学に移れば、1、2年のうちに留学させてくれるという約束を、青年は固く信じていた。1年間留学させるには、最低でも500万円のコストが掛かるし、留守中は他の教官が講義を負担しなくてはならない。普通の大学では考えられないような厚遇だが、白川は東工大7年ぶりの大秀才だし、多数の大学を経営するTグループが浮沈をかけて設立した大学だから、潤沢な資金があるのだろう――。

4章　スター誕生

白川が助手になった1989年は、バブルがピークを極めた年である。85年のプラザ合意以来上昇を続けてきた日経平均株価は、88年4月には2万5千円を超え、89年4月には3万円に達した。日本の株価は高すぎる、つまりバブルだと言う人がいないわけではなかったが、このような言葉に耳を貸す人は少数だった。

ペーパー産業（銀行、証券会社、保険会社）は、100人を上廻る理工系大学生を採用するだけでは足りず、メーカーから多数の技術者を引き抜き、金融技術への投資を拡大していた。

東工大では70年代以来一貫して、金融機関に参入する学生の割合は6％程度だったが、80年代半ばから急増し、89年4月には29・8％に達した。実に、3人に1人という凄まじい数字である。

これは東工大だけの特殊事情ではない。東大も早慶も京大も、そして阪大もそうだった。そして工学部教授たちは、この傾向を苦々しい思いで見ていたのである。「野村證券の利益がトヨタを抜いたからといって、何で私の学生が証券会社などに?!」というボヤキ声が学内に満ちていた。

有力製造業の経営者たちの多くは、理工系大学の出身者である。彼らは、優秀な学生を送り出してくれる理工系大学に、一定の敬意を表わしてくれた。優秀な学生を獲得するには、教授たちに嫌われない方がいい――。この結果就職担当教官のところには、メーカーの人事担当者が列を作った。年に何回か開かれる経営システム工学科の懇親会の経費は、すべて企業から頂戴したビール券で賄《まかな》われていたという。今となっては夢のような話だ。

また企業は有力教官に対して、何がしかの「奨学寄付金」を提供してくれた。この種の寄付金は、国から提供される研究費と違って使途の制約が少ない上に、次年度に繰り越せるため大変貴重なものだった。

教授たちはこれに恩義を感じ、できることならこれら仁義に厚い企業に学生を送り込みたいと考えた。以心伝心で学生たちも、大学との関係が良好な企業への就職を考えるようになる。

この種の役得とは無縁の文系一般教育教官たちは、これを「癒着」、「人身売買」とよんで非難したが、専門学科の教授たちは企業との良好な関係をエンジョイしていた。そして学生たちも、いまのように就職活動で半年もの時間を無駄にするようなことはなかったのである。

ここにやってきたのが、まったくカルチャーの異なる金融機関だった。大学には何の挨拶もなく、「3K（きつい、汚い、苦しい）職場より、高給と清潔なオフィス」の惹句《じゃっく》で、教授たちが大事に育ててきた学生たちを〝拉致〟していった。拉致という言葉は穏当でないと思う人もいるだろうが、他社への就職の機会を奪うため、学生たちは就職担当社員に拘束され、1ヶ月以上にわたって研究室に姿を現さなくなるのだ。人材確保が難しくなった製造業は、大学に善処を申し入れてきたが、教授たちは途方にくれるばかりだった。

仁義なき金融機関は、仁義を重んじる理工系大学の敵だった。理工系大学は、金融機関に参入する学生を白眼視した。しかし金融機関にも、背に腹を変えられない事情があったのだ。

金融機関は、80年代に入って技術化の時代を迎えていた。バブルで手にした潤沢な資金に浮かれて海外に進出した彼らは、ウォール・ストリートやシティで、数学とコンピュータで武装した「クォンツ」と呼ばれるエンジニアたちが大活躍しているのを眼にして、日本の金融技術は欧米先進諸国に比べて20年近く遅れていることを知った。このままでは欧米に太刀打ちできないということに気づいた金融機関は、なりふり構わず人材確保に向かった。

一方理工系学生が金融機関に就職したのは、お金のためだけではない。金融技術の将来性に魅力を感じたためである。特に数理・情報系の学生にとっては、この新分野は新しい問題の宝庫だった。

物理学科のある秀才は、「物理学にはニュートン以来300年の伝統がある。自分にとってこれは重過ぎる。一方ファイナンス理論は、10年ごとにガラリと入れ変わるそうだ。それなら自分の力を十分に発揮できる」と言って、金融機関に飛び込んでいった。そしてその言葉を聞いて私も、いずれ近い将来、彼らが金融ビジネスの顔になると信じていたのである。

88年4月、ＯＲ学会の中に「投資と金融のＯＲ」研究部会を設立し、私がその主査を引き受けたのは、金融技術者を支援する（工学系）学会組織が、どこにもなかったためである。

80年代に入るまでの金融（ファイナンス）は、法学部・経済学部の法・経帝国の不可侵の領土だった。大蔵省の規制に守られた金融機関は横並びに徹していたため、他社に先駆けて新商品や新サービスを開発するメリットはどこにもなかった。長い間わが国の金融は、技術とは全く縁のないビジネスだった。したがって工学部教授たちは、退屈な〝お金の研究〟ごときは、経済学部と商学部に任せておけばいい、と信じていたのである。

しかし私は、一般教育教官として「統計学」を担当する中で、機械工学や電気工学の学生が、お金の仕組みを知らずに金融機関に就職することを知って危機感を覚えた。優秀な学生は、仕事に就けばたちまちキャッチ・アップする。それでも、出発時点で金融の何たるかを知っているといないとでは、大違いである。第一、割引率や公定歩合という言葉も知らなければ、お金に明るい一橋大出にバカにされるだろう。

統計学の講義に飽き飽きしていた私は、後期13回分の中身を徐々にファイナンスに入れ替えようと考えた。まずは古典的な資産運用モデル、すなわちマーコビッツの平均・分散モデルあたりから入れれば、準備に手間は掛からない。

87年の秋、はじめて授業で平均・分散モデルを取り上げ、これから先「統計学Ⅱ」の内容を「ファイナンス理論」に入れ替えるつもりだと宣言したとき、学生の間でドヨメキが起こった。彼らは待っていたのだ。

いちど宣言した以上は、着実に実行しなくてはならない。そのためには、まずファイナンス理論の基本をきちんと勉強する必要がある。こう考えた私は、丸善の洋書売り場に出かけた。ビジネス書コーナーは、2ダース以上のファイナンス教科書で溢れていた。平均・分散モデル以外には、この分野についてほとんど何も知らなかった私は、平積みになっていた青い表紙のペーパーバックを手に取った。「Modern Portfolio Theory and Investment Analysis（現代ポートフォリオ理論と投資分析）」。著者はニューヨーク大学ビジネス・スクールの2人の野村證券冠教授エルトンとグルーバーである。

どこかで見た覚えのある名前だと思ったが、著者紹介によれば、この2人は私が永年購読している「Management Science」誌のファイナンス部門の編集責任者だった。全部で700ページもある定価4000円の大著だが、3回も版を重ねているから、とりあえず買って損はないはずだと思って購入したのだが、このとき私は、これが自分の後半生を決めることになるとは思ってもみなかったのである。

一般的に言って、ビジネス・スクールの学生は、数学に強いとは言えない。しかしニューヨーク大学は、ウォール街と同じマンハッタンにあって、学生の多くは金融機関志望である。そこでエルトン＝グルーバーは、金融機関で即戦力となる学生を育てるべく、彼らの数学的能力の限界ギリギリの本を書いた。

工学部応用物理学科の数理工学コースで、エンジニアとしては最高水準の数学的トレーニングを受けた私にとって、最初に読む「概論」としてこの本は最適なものだった。700ページの教科書を3週間で読み終えた私は、ファイナンスは、私の専門とするオペレーションズ・リサーチ（OR）と重なる部分が多いことを知った。この種本があれば、「統計学Ⅱ」を「現代ポートフォリオ理論と投資分析」に置き換えるのは簡単だ。そしてこの年の暮れには、13回分の講義の概要と、これから先10年がかりで取り組むべき研究計画の大枠が出来上がったのである。

ここでファイナンス理論について、若干の解説を加えよう。

ファイナンス理論の出発点となったのは、1952年にハリー・マーコビッツが提案した「平均・分散モデル」に関する博士論文である。このモデルは、投資家が資産運用を行うにあたって、収益の平均値だけでなく分散（バラツキ具合）を考慮することが大切だということを、理論的に裏付けたものである。

ファンド・マネージャーたちが日頃行っている「分散投資」を正当化するものだったから、彼らの熱狂的な支持を得た。ところが残念なことに当時の計算機では、実用規模の平均・分散モデルを解くことはできなかったのである。

実務的モデルというからには、具体的な答えを出すことが必要である。しかしそれができないということであれば、人気は凋落する。ここにやってきたのが、経済学者グループである。

彼らは平均・分散モデルを解かなくても、事実上それと同じ結果を導くことができるという〝魔法のような〟理論、CAPM（資本資産評価理論）を発明した。1960年代半ばのことである。そしてこれをきっかけに、ファイナンスは経済理論として発展を遂げるのである。

ここで使われたのは、従来の経済学が重用してきた微分積分学と線形代数だった。ところが、1973年に発表されたブラック＝ショールズのオプション価格付け理論以降、それまでの経済学では使われることのなかった新しい数学理論が必要となった。また複雑なオプションの価格計算や、企業の買収価格の計算には、数値解析やシミュレーションなど、工学の分野で開発された手法を使うことが不可欠になった。

これらの工学的手法は、経済学者にとっては、はじめて耳にする外国語のようなものだった。一方、「待ち行列」などの確率モデルの研究者にとっては、ファイナンスは同じ国の一方言に過ぎない。

50年代から詳しく研究されてきた待ち行列理論は、この頃停滞期に入っていた。きれいに解ける問題はほとんど解けた。より難しい問題は計算機に頼るしかない。このような〝力ずくの研究〟には魅力を感じない人たちにとって、ファイナンスは自らの力を発揮できる新大陸だった。

ところが待ち行列研究者のほとんどは、工学部に所属するエンジニアである。エンジニアの金科玉条はモノ作りである。お金のことは経済学部や商学部に任せておけばよいというエンジニア集団の中で、お金の研究をやることには様々な障害があった。

ＯＲ学会は、工学系の学会の中でお金の問題に関わってきたただ1つの学会である。しかし3000人の会員を擁するこの学会でも、お金の研究をやっている人は10人に満たなかった。

われわれが「投資と金融のＯＲ」研究部会を設立したのは、金融機関に（東工大出身の）エンジニアが大量に参入して、金融工学に従事しているにもかかわらず、この人たちを支援するための組織がどこにもなかったためである。

金融機関に勤めるエンジニアたちの熱烈な支持のもとで、この研究会は順調なスタートを切ったが、ＯＲ学会の中で嫡出子扱いを受けることはできなかった。このため、一歩足を踏み出せばたちまちエースになれるはずの人々も、容易に腰を上げようとはしなかった。

「私は既に確立された研究領域で一定の業績を上げ、名声を手に入れた。いまさらモノ作りエンジニアたちの批判を受けてまで、金融工学に参入してリスクを取る必要はない」。大半の研究者はこう思ったのである。

こんな状況の中で、白川浩という優れ者の参入はかけがえのない援軍だった。私はスタンフォード大学で、確率モデルの最先端知識を教えてもらった。ところが70年代半ば以降、確率モデルの世界はがらりと変わった。より本格的な確率論が応用されるようになったのである。

待ち行列が専門だったマイケル・ハリソンは、これらの理論を吸収し、ＯＲ学科の後輩であるデビッド・クレプスやスタンリー・プリスカと協力して、デリバティブ価格付けの基本となる大理論を組み立てた。70年代末から80年代はじめにかけて発表された一連の論文は、経済学の世界で大評判になった。いずれノーベル経済学賞をもらうだろうといわれたほどである。

白川浩の若い頭脳は、たちまちこの理論を吸収した。ドゥープの本を１００％理解していたのであれば、91年に出たバイブル、カラツザス＝シュレーブの「Brownian Motion and Stochastic Calculus（ブラウン運動と確率積分）」にも、びっしりアンダーラインが引かれていたに違いない。

助手に就任するや否や、白川は研究会の幹事を買って出て、八面六臂《はちめんろっぴ》の活躍を始めた。そして1年後には、わが国における金融工学の旗手と目されるようになったのである。30歳になったばかりのこの人の未来は、約束されたようなものだった。

「投資と金融のＯＲ」研究部会で白川が発表するときには、１００人近い実務家が集まった。60分の発表のために用意されたＯＨＰフィルムは、１００枚に達する膨大なものだった。1枚1枚に複雑な数式が並んでいる。大声と早口でこれを猛スピードで説明すると、集まった人たちは熱心にメモを取る。発表が終わると、会場から鋭い質問が飛ぶ。白川がそれに答える。また別の人が質問をすると、これにも鮮やかに答える。これが30分近く続いたあと、私が時間切れを宣言してお開きとなる。

私の要望に応えて、白川は年2回の発表を請負ってくれた。私も年3回の発表で対抗したが、チャンピオン白川を打ち負かすのは容易なことではなかった。

5章　ドンを敵に回す

助手生活2年目に入った白川は、快調に飛ばしていた。このまま行けば、間違いなく世界レベルの研究者に育つはずだ。筑波大学を訪れていたイリノイ大学のプリスカ教授も、筑波の木島正明と東工大の白川浩を、若手研究者の中の双璧だと言っていた。

木島は白川より3つ年上で、博士課程時代に白川の面倒を見た、いわば〝兄弟子〟である。白川がここまで伸びたのは、この人の厳しいトレーニングによるところが大きい。優秀な学生はしごきに耐えて絶壁を登り、世界的研究者となる。能力のない者は下から見ている方がいい。うっかり登攀《とうはん》の列に加わると墜落惨死だ。

文系教官の中には、東工大は相撲部屋に似ているという人もいるが、私は「ラグビー部」の方があたっていると思う。その理由は、相撲と違ってラグビーが団体競技であること（工学部ではチームプレーが重要な役割を果たす）、前後半各40分の長丁場であるラグビーは、周到かつ臨機応変の作戦が必要なこと、ラグビーにはしごきはあってもイジメはないことなどである。

この大学では、学生は4年生になると研究室に自分の机を与えられ、1年かけて卒業論文を書く。このとき実際に指導するのは、教授の指示を受けた助手と、4年生を取囲む大学院生である。

東大の工学部はこれとはかなり雰囲気が異なる。私が所属した学科では、学部生には自分の机は与えられなかった。彼らが勉強する場所は図書館か自宅である。したがってたまに大学院生に相談することはあっても、同じ部屋で毎日朝10時から夜中まで一緒に過ごすようなことはないのである。

どちらがいいと思うかは人によるだろう。東工大では先輩・後輩の間に強い連帯感が生まれる一方で、学生は広い世界を見る機会を失うリスクがある。実際この大学では学部を卒業したあと、大学院で別の研究室に所属するようなことは滅多にない。東大では先輩の干渉を受けることなく自由に勉強が出来るし、別の研究室に移籍しても問題にならない反面、学部生は先輩と研究室に対して強い連帯感を持つことはない。つまり東大では、学部生は一過性のお客様扱いで、研究室の構成員は大学院生のみということになる。

アメリカになると、この点はもっとはっきりしている。学部生はおろか修士課程の学生にも自分の机は与えられない。博士課程の学生だけが研究室に所属するというシステムである。またアメリカでは、学生は同じ大学の大学院には進まない。MITやハーバードでは、自分のところの学部生を意図的に排除しているくらいである。

東工大には、濃密な先輩後輩の連携がある。学生たちは、先輩たちの「もっと勉強しろ。東大なんか問題じゃない。MITを目指せ」という掛声のもとでガンガン勉強する。こんな所は、「前に出ろ、早稲田なんか問題じゃない。トヨタを倒せ」と掛声をかけるK大ラグビー部と同じである。

白川は木島の才能を認めていた。しかしこの人は、自分にラグビー部式訓練を施した兄弟子に対して、アンビバレントな感情を抱いていた。そしてこのことが、われわれの将来に影を落とすことになるのである。

東工大に勤めるようになって以来、私は年に2回学生たちを自宅に招いてコンパを開いていた。当時住んでいた江東区越中島の公務員住宅は築後20年の陋屋《ろうおく》で、畳屋が驚くほど傾いていた。何年か前に先輩の東大教授の新年会に招かれたとき、東大教授ともあろう人がこんなひどいところに住んでいるのかと驚いたものだが、お金がない東工大教授も、結局同じところに住むことになってしまったのである。

当初は人を招くことなど考えもしなかったが、裏にあったソーセージ工場が高級マンションに生まれ変わり、隅田川べりの公園が整備されてからは、かつて（江戸川乱歩の）『怪人二十面相』の隠れ家があった越中島のイメージは一変した。建物の真下を京葉線が通るようになってから、建物の傾きはますますひどくなったが、外壁の化粧直しをしたあとは、外から見る限りは貧民窟ではなくなった。

白川が加わってから、コンパは一層賑やかになった。大声の持主は15人の参加者の中心だった。まだ元気だった妻は、用意した大盛り皿がすべて空になるのに驚嘆の声をあげた。酒豪揃いの集まりで、1人白川はアルコールに口をつけなかった。しかし一番酔っ払っているのはいつもこの人だった。飲んだくれたちが吐き出す空気中のアルコールで酔ってしまったのかもしれない。大声で過激な言葉を発するこの男が、酔っ払いたちと混線すると、話は無限空間に発散した。あまりのやかましさに、翌日隣に住む厚生省高官夫人から皮肉を言われたくらいである。

ところがこの日の白川は、いつもと違って寡黙だった。気になった私は、翌日白川の研究室に出向いた。

「何かあったんじゃない？　あんまり元気がないので、久野さんたちも心配してましたよ」

「御心配をおかけして済みません。実は大村先生から、2年ほど講師で我慢して欲しいと言われました」

「それは約束違反ですね。助教授だと言うから受けたんでしょう」

「同じ学科出身のYさんとのバランスで、先に延ばした方がいいということになったのだそうです。強行すると大村先生の立場がなくなるそうです」

「でもYさんはまだ学位がないんだし、そんなことで君のような逸材を粗末に扱うのは問題ですよ」

「それはそれで構わないと思っているんです。ショックだったのは、海外留学の件なんです。大学がお金を出してくれると思っていたんですが、行きたければ自分で費用を工面して行けというんです。自分で行くなら認めてやるが、その期間は休職扱いで給料は出ないという話なんです」

「それじゃ話が違うじゃないですか」

「大村先生にそう申し上げたら、お金を出して留学させると言ったはずはない。大体就職する前にそんな話をすること自体が非常識だ、と叱られてしまいました」

「それはひどい話だ。話がうま過ぎると思ったけど、〝留学させてやる〟といえば、誰でも費用は大学が負担すると思うに決まっていますよ。もともと僕は、新設私立大学に行ったら講義や雑用が多くて、研究している時間がなくなることを心配していたんだけど、条件がいいのでまあいいかと思っていたんですよ。でも次々と約束を破るような大学には行かない方がいいんじゃないかな。そんな大学に行ってもロクなことにはならないから、断った方がいい。ここの居心地がよくないというなら別だけど、助教授を講師に格下げするだけで十分断る理由になるし、いま転出すると教授が困ると言っているといえば、相手も納得してくれるでしょう」

「わかりました。先生がここに置いて下さるのであれば、その方が絶対にいいので交渉してみます」

私の常識では、相手はこれを呑むはずだった。先方の大学としては、日頃人材供給を受けている東工大とは問題を起こさない方が賢明だからだ。白川が辞退すれば別の人を探せばいいだけの話だ。代わりは幾らでもいるし、2度にわたって重大な約束違反をしたのだから、先方も強い要求ができるわけはないのだ。

翌朝、白川は意気消沈して現れた。

「大村先生は来てくれなければ困ると仰言《おつしや》いました。大学設置審議会の書類に承諾のハンコを押した以上、ここで辞退されたら大問題になる。文部省はそんなことは絶対に認めないというんです」

「建前としてはそうでしょう。設置審書類のハンコは重みがあります。でもそれはどうにでもなるんですよ。僕は筑波時代にいろいろ経験しましたが、いざとなればそんなものは意味がないんです」

私は「設置審」のカラクリを知っていた。新設大学は設立にあたって、カリキュラムや人事に関して大学設置審議会の承認を得る必要がある。しかし、承認を受けた人たちのすべてが、直ちに採用されるわけではない。学年進行といって、1年目は1年生の講義を担当する人、2年目には2年生の科目を担当する人という具合に、五月雨式に採用されるのだ。当初は1年目に採用されるはずだった白川は、何らかの事情で3年目にまわされた。2年先となれば、事情が変わることもある。死んでしまう人もいるだろう。

筑波大学では、当初ハンコを押した人の中で、実際に来た人は半数強に過ぎなかった。これらの人の多くは名義貸しに応じただけで、もともと行くつもりはなかった人達である。これを業界用語では「ダミー人事」という。文部省は国策大学の筑波に対して、ダミー人事のすべてを黙認した（あとでわかったことだが、これは筑波大学だけの特例だったらしい）。

私立大学の場合は、文部省は設置審通りの人事を要求するだろう。しかし学科の中心に座る看板教授ならともかく、講師1人が抜けたところで、それほど厳しいことは言わないはずだ。しかし人が入れ替われば、もう一度審査を受け直さなくてはならない。後釜はいくらもいるが、この手間をかけるのが面倒だったのだ。

私は早速森助教授に相談に行った。重要な約束を反故にする大学は信用できないし、白川のためにもならない。その上私も、もう暫くこの人と一緒に仕事をしたいと考えている——。

「その通りだと思います。しかし大村先生はこの学科の大先輩です。だから私の方から強いことは言えません。しかし、先生は経営のスタッフではありませんから、自由にお話ができるでしょう。御手数をおかけしますが、この件はお任せしますので、白川のことを第一に考えてあげて下さい」

お墨付きを得た私は、ロンドンに出張中の大村副学長に手紙を書いた。

拝啓

突然お便りを差し上げる失礼をお赦し下さい。私は、先生と入れ違いになる形で、1982年4月に東京工業大学の人文・社会群の統計学教授として赴任致しました。ORを専門としております関係で、経営システム工学科の皆様とは親しくお付き合い頂いて参りましたが、昨年4月、森雅夫先生の門下生である白川浩氏を、助手としてお預かりすることとなりました。本日は、同氏の将来について先生に特別な御配慮を賜りたく、不躾ながら筆を取った次第です。

このようなお願いを致します以上は、その趣旨や背景を正確にお伝えする必要があると存じますので、やや長くなりますが、私の考えますところを以下に述べさせて頂きます（中略）。

前置きが長くなりましたが、白川氏の将来に鑑み、同氏と貴学とのお約束をいったん白紙に戻して頂けないでしょうか。もう暫く、研究条件が抜群の東工大に在籍させて、研究者としての活躍を可能ならしめたいという希望と、余人に替え難い研究協力者である同氏を今ここで失いたくないという私のわがままが、このようなお願いをさせて頂く大きな理由です。

この件につきましては、同氏が約一ヶ月の滞米を終えて帰国した先週初めに、私の方から意見を打診致しましたところ、「森・古川両先生が間に立って下さっていることでもあり、自分としては赴任することに決めていたが、もし先生（私）の希望で残って欲しいということであれば、そしてまた先生（私）が大村先生の了解を取り付けてくださるのであれば、東工大にもう暫く置いてもらいたい」との事でありました。このような次第で、敢えて森・古川両先生と御相談もせず、全く私の一存で先生にお願いすることを決意した次第です。

想い起こせば私自身、20数年前に大学院を出て就職する際に、全く同じようなことで2つの組織の板ばさみになり、研究もままならず悩んでおりましたところ、指導教官であった森口繁一教授が私の話を聞いて下さったその日のうちに、一方の当時者であったF社の副社長に面会して了解を取り付けて下さいました。私が現在曲がりなりにも研究者として社会的に認知されておりますのは、この時の先生の英断によるところが大きいものと、終生感謝し続けている次第です。

私も間もなく当時の森口教授と同じ年齢に手が届きます。仮に私が皆様の御不興を買うことになるにしても、これは私に与えられた使命であると考える次第です。当時森口教授が私に仰言られた言葉は、「今相手方に迷惑をかける分は、後にもっと大きな形でお返しすることを考えなさい」というものでした。私が白川氏に伝える言葉もこれと同じものになるでしょう。

甚だ勝手なことを書き連ねましたが、東工大のエースである同氏の将来性をお考え頂き、同氏との約束を白紙に戻して頂きたくお願いする次第です。また出来れば、同氏の今後に傷がつかないよう、今回の件は上司である私の我儘で白紙に戻さざるを得なくなった（実際半分以上はこれが理由でもあります）、ということにして頂ければ幸甚です。

敬具

この手紙は大嵐を巻き起こした。大村副学長から白川に内容証明で、「これまでの信義を裏切るのであれば生涯許さない。もし約束を守らないのであれば、法的措置に訴える」という手紙が届いたのである。経営システム工学科のドンがこう書けば翻意すると思ったのだろう。大変なことになったと思いつつも、いざとなれば私が先方に出向いて話をすれば、相手は折れざるを得ないだろうと踏んでいた。

数日後、経営システム工学科の速水教授が珍しく私のオフィスに姿を現した。この人は、ついこの間まで工学部長を務めていた大物である。高校の先輩ということもあって、敬意を払ってお付き合いしていたが、自分の方から声をかけたいような人ではない。

「大村さんは怒っていたよ」

「お聞きになったんですか？」

「僕は来年からあの大学に行くことになっているんで、始終電話で連絡を取り合っているのさ」

「あそこにいらっしゃるんですか？」

「きてくれというから行くんだけど、偏差値が40で、アルファベットも書けない学生が沢山いるってことだよ。だから大村さんも苦労しているんだ。そこで先輩として君に頼みたいんだが、これ以上大村さんを困らせないでくれないか。この話が壊れると、私にもトバッチリが来るんだ。約束を破ったら訴えるって言っているが、どうも本気でやるみたいだよ」

「駆け出しの講師の件で訴えるというのは、普通じゃないですね」

「あそこはもともと普通じゃないんだよ。本当のことを言えば、僕も行きたくないんだが、立場上話だけはしなくてはならないと思って来たんだ。それにたかが講師と仰言るが、君もたかが助手1人で大物とケンカすることもないんじゃないかな。君も知っているとおり、あの人のお兄さんは大学行政のドンだから、用心した方がいいよ」

「先生は白川がどれほどの逸材かを御存知のはずです。彼はいまOR学会で注目されている若手のチャンピオンです。うまく育てれば、5年後には世界的研究者になるはずです」

「良く出来るやつだということは知っているが、礼儀作法を知らん奴でね。僕の講義ではほとんど内職をしているくせに、試験だけは良く出来る気に入らない奴だった」

「そう仰言いますけど、先生だって学生時代はそんなものだったんじゃありませんか？」

「じゃあ、用件は伝えたから、今日のところはこれで失敬するよ」

大学社会で生きていく人間にとって、大学行政のドンを敵にまわすのは賢明とはいえない。文部省が管理している科学研究費の配分や、よその大学に転出する際に悪影響が出ないとも限らないからである。

人文・社会群は住み心地の良いところだが、エンジニア集団の中では正市民ではない。私は社会工学科、情報科学科、経営システム工学科で店を出し大学院生を回してもらっていたが、これはいわばおコボレである。研究者としては優秀な学生が欠かせない。アイディアはあってもその正しさを検証するには、学生の力を借りる方が遥かに効率的だからだ。

一般教育統計学ポストは、これまでも理系出身者の枠になっていたが、ほとんどの人は5年程度で転出して行った。理系人間は、優秀な学生を求めて理系人間の巣に戻っていくのである。

講師か助教授であれば、あちこちからお声が掛かる。しかし、教授の転出先で東工大より〝格上〟のところは、東工大の専門学科と東京大学しかない。東大によんでもらえる可能性がない以上は、経営システム工学科しかありえない。人文・社会群で9年を過ごした私は、既に50歳の大台を超えていた。ここで経営システム工学科のドンとケンカをすれば、移籍の目は完全になくなる。

私はこのあと2回大村副学長に手紙を書き、最終的には八王子の西にある大学を訪れ、頭を下げた。相手が折れたのは、訴えるなら受けて立つ用意があるとこちらが対応したので、東工大とコトを構えるのは得にならないと考えたためだろう。

真面目で人柄の好い白川は、偏差値40の学生たちを相手に親身になって教えたに違いない。

雑務も喜んで引受けただろう。しかしここに行っていれば、10万人に1人の才能は朽ち果てていた。そうなる前に、よりレベルの高い大学に転出していたかもしれないが、そうしていても、その後の目覚しい活躍を見ることはなかっただろう。

6章　幸せだった日々

東工大残留が決まって元気を取り戻した白川は、それまで以上に熱心に研究に取り組んでいた。研究室にこもり切りだったため、湾岸戦争の発生を1週間以上知らなかったくらいである。

90年に発表した金利オプションに関する論文は、新刊された「Mathematical Finance」誌の第1巻に掲載され、大評判になった。また翌年にも素晴らしい論文を発表している。これらの論文を読んだプリスカ教授は、「日本にもこれだけ数理ファイナンスに強い人がいるとは知らなかった。一体どんな教育を受けたのだろう」と驚きの言葉を発したし、東大を訪れていたボイル教授も、「白川はいずれ世界のファイナンスを背負って立つ逸材だ」と激賞した。プリスカ、ボイルと言えば、この世界で10本の指に入る実力者である。この結果白川は、一躍日本のエースと目されるようになったのである。

研究会に集まるエンジニアたちは、この青年に尊敬の目を注いでいた。普段の参加者は60人程度だったが、白川が演壇に上るときは、定員80人の東工大フェライト会議室は補助椅子を出しても足りず、20人の立ち見が出る盛況だった。

これに比べると、私の発表は白川の添え物に過ぎなかった。89年に発表した「平均・絶対偏差モデル」や、91年に発表した「コンパクト分解」はかなり評判になったが、この当時、資産運用の研究に関心を示す人は少なかった。なぜなら東京市場の株価は、85年から89年末までの5年間でほぼ4倍になったから、日経平均に投資する古典的な「インデックス運用」で十分収益が上がったからである。

しかし私は、近い将来インデックス運用は破綻するだろうと考えていた。株価はいつまでも上り続けるとは限らないからだ。実際、89年の大納会で史上最高値をつけた東京市場の株価は、90年に入って急落し、インデックス運用は軒並み大きな損失を出した。それにもかかわらず、インデックス運用の人気は衰えなかった。なぜなら、（株価が上昇し続けていた）米国では、依然としてインデックス運用が主流だったからである。資産運用関係者の大半は、米国のまねをしていればいいと考えていたのだ。

しかしいつか人々は気づくだろう。下降する市場でインデックス運用をするのは愚の愚だと。そうなれば、私の研究にも陽が当たるはずだった。

さてインデックス運用の理論的根拠は、経済学者がマーコビッツの「平均・分散モデル」を換骨奪胎して作り上げた「CAPM（資本資産評価理論）」である。60年代半ばに、ウィリアム・シャープらによって組み立てられたこの理論は、「ファイナンス理論の女王」と呼ばれるほどの名声を獲得した。私がファイナンスに本格参入する気になったのは、この美しい理論に感銘を受けたためである。

しかし私は、完全にCAPMに納得したわけではなかった。この理論によれば、現在の株価pは次の式によって決まるという。

$$p=\frac{\text{将来の株価の平均値}}{1+r_0+\beta(r_M-r_0)}$$

ここでr_0は市場金利、r_Mはインデックス（たとえばTOPIX）の平均収益率、そしてβはベータ値と呼ばれる定数である。現在の株価は将来の株価の平均値によって決まる、ということを示す公式である。

では将来の株価は何によって決まるのか？　もちろん現在の株価が影響を及ぼすはずだ。CAPMは将来がわかれば現在がわかるというが、現在がわからなければ将来はわからない。これでは堂々巡りである。

一方、経営財務（コーポレート・ファイナンス）の教科書には、株価は将来支払われるはずの配当の現在価値と一致すると書いてある。しかしこのやり方で計算した株価は、現実の株価とは大きく異なるのがふつうである。

では本当のところ、株価は何によって決まるのか？　ここに登場するのが、〝株価は株に対する需要と供給のバランスによって決まる〟という、ワルラス以来の「均衡価格理論」である。

そこで私は、ワルラスの立場からCAPM理論を見直してみることにした。当然、このように考えた人は私より前に何人もいた。その1人がノルウェー出身の経済学者モッシンである。私はこの人が1966年に書いた論文から得たヒントをもとに一歩一歩山を登り、2週間後に複雑怪奇な連立1次方程式を導いた。

私が2週間でここに到達できたことからすれば、モッシンもこの方程式を導いていた可能性が高い。しかしこの人は、これを解くことは出来なかった。解くことに関心がなかったのかもしれない。

私はモッシンが残した地図を手掛かりに、「ファイナンス理論の女王」の秘宝を探し当てた。しかしその前にはモンスターが坐っていた。頭から何本もの角が生えている「連立1次モンスター」である。

私は何日かモンスターとにらめっこした。そして1週間でギブアップした。1週間で解けないものは1年かけても無理だから、諦めた方がいい。しかしこのとき私は、白川少年にモンスターを紹介してみることにしたのである。

「この方程式が解ければ、CAPMの謎が解けるんだけどね」

「連立1次方程式ですよね」

「そうなんだけど、これがうまく解けないんですよ。そこで君に一応話だけは聞いてもらおうと思ったんだよ」

「ややこしい式ですね。暫く考えさせて下さい」

「多分解けないから、あまり時間をムダ使いしないようにね」

「はい」

　2日後、白川は軽い足取りで私の部屋にやって来た。

「解けました」

「えっ！　解けた？」

　白川の示した式は、確かに方程式の解になっていた。解であるかどうかは、その式を元の方程式に代入してみればいい。

　鉛筆を動かしていたら、私でも解けたかもしれない。解けないと思ったので、私は手を動かさなかった。しかし白川は、解けるに違いないと思って鉛筆を動かした。そして、たちまちのうちに答を見つけたのだ。このとき私には、「連立1次方程式も解けない幼稚園児なみの教授」という声が聞こえたような気がした。そしてこの時以来、私はこの青年に頭が上がらなくなったのである。

白川が導いた公式は、いろいろなことを教えてくれた。株価をきめるのは、市場金利水準、市場に存在する無リスク資産、市場平均ポートフォリオの期待収益率、それに最も大切なのは、人々が将来に対して抱く期待の大きさであるということが見事に示されていた。この式から、資産価格が0以上となるための条件を導くのは容易だった。

私は大急ぎでこの結果を論文にまとめ、「Mathematical Finance」誌に投稿した。内容については100%自信を持っていたが、プリスカ編集長が選定したレフェリー（均衡理論が専門である経済学者たち）は、なかなか納得してくれなかった。この人達は、20年来の難問がこれほどきれいに解けるはずがないと思ったのだろう。投稿から3年後の95年に印刷されたこの論文は、2人の最初の共著論文となった。

この論文を投稿したあと、私はこの結果を89年に提案した「平均・絶対偏差モデル」に拡張しようと考えた。白川の協力のおかげでたちまち問題は解けた。この結果、1ヶ月後には第2の共著論文が完成した。

私にとって、この2編の論文は久々の快心作だった。しかし白川には特段面白い結果ではなかったようである。おそらくこの人は、「CAPMのような古臭い研究は経済学者に任せ、われわれエンジニアはより先端的な研究に集中すべきだ」と思ったのだろう。そもそもCAPMは、1977年にリチャード・ロールが示したように、〝市場データをもとにして、その正しさを検証することは出来ない〟フィクションなのである。

では、なぜ私はフィクションにこだわったのか。それは常日頃経済学者が、われわれエンジニアを、「経済学の基礎も知らずに、腕力だけで跳ね回っている田舎者」とみなしていたからである。ファイナンス理論の女王の謎を解けば、経済学者たちに一泡吹かせることが出来る。これが私の動機だった。そして私はその目的を達成した。

フィクションだとわかっていても、得られた結果はあまりにも美しかった。その後私は思い出したように、この結果を現実問題に応用すべく頑張ってみたが、結局すべての試みは失敗に終わった。経済学で重要とされている均衡価格理論は、現実問題の分析には役立たない。これが5年にわたる研究から得た主観的結論である。

いま思えば、白川にとって人文・社会群助手時代が最も幸せな時間だったのではなかろうか。講義の義務はなく、雑用も研究部会の事務作業だけで、自ら信ずる数理ファイナンスの研究に、十分に時間を割り当てることができたからである。しかしこのような幸せな時間には、間もなく終止符が打たれることになる。92年秋に、筑波大学から白川に声が掛かったからである。

1974年この大学に赴任した私は、8年間にわたって辛酸をなめた。新設大学は、安定するまでに10年は掛かるといわれていたが、カルチャーの違う人が集まった〝陸の孤島〟で、33歳の若者だった私は国家レベルの大陰謀に巻き込まれたのである。白川の新設私立大学への移籍に懐疑的だったのは、このためである。

しかし設立から18年を経て、筑波大学は7旧帝大と東工大、一橋大と共に、国立大学ベストテンの一角を占める大学に育っていた。人口は当初計画の20万人には届かないが、かつての「文化果つるところ」は「学園都市」と呼ぶにふさわしい場所に変わった。常磐線は15分ごとに1本の列車が走るようになったし、中心部と東京駅をつなぐ高速バスのおかげで、交通の便も昔とは全く様変わりである。

また白川が担当するのは、1学期に1コマの演習と雑用が少々だから、十分に研究時間が取れるはずである。2年前に、〝余人をもって替え難い〟という理由で移籍を拒否した私が、ここで白川を放出すれば、大村副学長から嘘つき呼ばわりされるが、本人の将来を考えれば、権限のない助手ポストは3年程度で卒業した方がいい。2〜3年講師を務めたあとは、助教授に昇進させる予定だという言質を取った私は、賛成の意向を伝えた。話はトントン拍子に進み、12月には筑波移籍が確定した。

白川の移籍が決まったあと、私は大村副学長に手紙を書いた。

「余人をもって替え難い人物であるが故に、筑波への移籍を認めることに致しました。この件では、先生と貴大学に多大な御迷惑をおかけいたしましたが、すべての責任は私にあります。白川が将来の日本を背負う稀有な人材であることに鑑み、何卒御理解下さいますようお願い致します」

返事は来なかった。しかし私はこの年の暮れに、白川と大村副学長が和解したことを知った。副学長を囲む忘年会への参加を求められ、恐る恐る出席した白川に対して、「あのことはもう気にしなくていい。これからは、金融再生のために頑張って欲しい」と激励されたという。

大村副学長は私を許さなかった。しかし大学人としての見識を備えたこの人は、私の立場に立てば同じことをしたのではないだろうか。

人文・社会群の伝統で、ひとたび手にした助手ポストは既得権となった。しかし白川の後任として誰を呼ぶかは大問題だった。優秀な人はいくらでもいるが、人柄の悪い人に長期滞在されたら悲劇だ。白川くらい有能で、しかも人柄が良い人はめったにいるものではない。

そこで私は、白川が助手になった直後に私の研究室を訪れた、ベトナムの若手チャンピオンであるパン・ティアン・タック氏を招くことにした。専門は、金融工学を手がける前からの私の研究分野「大域的最適化」である。この人は優秀で人柄も良い。その上「ハノイ数学研究所」という本拠地があるから、転出先を心配する必要もない。日本語を話せないのは問題だが、フランス語、ドイツ語、ロシア語が堪能だということだから、日本に住めばたちまちペラペラになるだろう。

ベトナム人を国家公務員に採用するには、面倒な手続きが必要だった。しかし3ヶ月にわたる交渉の末、ウルトラCで難問を乗り切り、この画期的な人事が実現した。長く国交がなかったベトナム国籍の人が、日本の国家公務員になったのはこの人が最初である。

白川と久野は、この人事に大喜びした。タック氏の数学力に感動した白川は、「バケモノだ！」と叫んでいたし、大域的最適化法が専門の久野もこの人を尊敬していた。隣の学科に勤める久野は、弥次喜多コンビの白川をしばしば自宅に招き、いまでは久野夫人となった吉瀬女史の手料理を御馳走している間柄だ。

〝三奇人〟たちはウマが合った。そして私も時折りこの3人の集まりに呼ばれてワイワイやっていたのだ。今でも私の耳には彼らの笑い声が残っている。1つ年上のタックと久野は、白川が最も心を許した友人だった。専門が違ったから、互いに張り合う必要もなかったし、2人とも白川を大事にしていたからである。

7章　2人の〝叔父〟と4人の師

講師になった白川は、人の好さが災いして様々な雑用を押し付けられた。大学というところは人が好いと見られたが最後、次から次へと仕事が降ってくるところなのである。このため白川は筑波に張り付き、研究会に顔を見せる機会は減った。忙しさもさることながら、研究会での発表内容に関心が薄らいだためである。

研究会のメンバーの90％は実務家である。彼らの関心は研究結果とその実効性だけで、途中の細かい話はどうでもよい。一方、大学の研究者たちの関心事は「細部」である。専門誌に発表される100編の論文のうち95編は、誰かがやった研究の細部を変更して、〝新しい〟と称する結果を導いたものである（全く新しい研究など滅多に出るものではない）。

細部にこだわる研究者は、実務家寄りの研究会運営に不満を持っていた。もっと数学的議論をオタクっぽくやりたい――。私にはこの人たちの気持ちが良くわかった。ではそのような研究会をもう1つ作ればよいかといえば、話はそれほど簡単ではない。なぜならOR学会の主流派研究者は、お金に関する研究部会など、1つだけでも多過ぎると考えていたからである。

そんなところに舞い込んだ、応用数理学会からの「数理ファイナンス」研究部会設立の要請は、細部に関心のある人たちにとってお誂え向きのものだった。しかしこの研究会が出来れば、ＯＲ学会の研究会は実務家だけの集まりになってしまう。理論を欠いた実務的研究の行く先は知れている。駆け出しの時代からＯＲ学会のお世話になってきた私は、判断に迷った。そしていったんはこの要請を断ることにした。

しかしその後、大先輩である伊理正夫東大教授の電話で気が変わった。この人は東大工学部20年ぶりの秀才と謳われた人で、工学部長の任期が終わったあとは総長になると言われていた。また応用数理学会設立の中心人物でもある。こんな人から、「学会のイメージ・アップのためによろしく」と頼まれた以上、断るわけにはいかない。大喜びした白川は、直ちに幹事役を買って出た。

ところがその直後、会長の山口昌哉京大教授から、「あまり目立たないように活動されたし」という通達が下った。一方で、学会のイメージ・アップのためによろしくと言っておきながら、もう一方であまり目立つなという理由や如何。

応用数理学会は、数学界で冷遇されてきた応用数学の研究者と、エンジニア集団の中で主流になれなかった応用数学（数理工学）の研究者たちが立ち上げた学会である。

数学界には古くから厳格な序列があって、一番格が高いのがガウス以来の伝統を持つ代数学（中でも整数論）、次がユークリッド以来の歴史をもつ幾何学、そして3番目が、ニュートン、ライプニッツ以来の解析学である。そしてこれら純正数学と擬似数学の境界に位置するのが、ラプラスに起源を持つ確率論である。日本の数学者にとっては、数学といえばこれがすべてなのである。

一般の人にとっては、数学者も応用数学者（数理工学者）も同じ人種に見えるだろう。しかし彼らの間には、いくつかの〝本質的な〟違いがある。

数学者にとって大事なことは、（数学的）美しさである。美しくないもの（すなわち代数、幾何、解析以外）は、いかに役に立とうが価値がない。一方数理工学者にとって大事なことは、〝役に立つこと〟である。いずれ役に立つかもしれない高級な理論より、今すぐ役に立つ道具の方が大事なのである。

数学者は時間（と空間）を超越した日常を過ごしている。だから10年間1編の論文も書かなくても、11年目に歴史に残る成果が出ればそれでいいのである。一方の数理工学者は有限の時間の中で仕事をしている。したがってたとえ拙速といわれようとも、期限までに一定の答えを出そうと考える（理学部の会議はいつ終るかわからないが、工学部の会議は決められた時間の間に必ず答えのようなものが出る）。そして答えが出たらすぐそれを論文としてまとめる。研究資金提供者と競争相手に、デモンストレーションすることが必要だからである。

数学と応用数学のもう1つの大きな違いは、〝抽象性志向〟と〝具体性志向〟である。東大工学部を代表する数理工学者森口繁一教授が、ある工学上の問題について東大数学科の看板教授吉田耕作氏に相談を持ちかけたときのことである。話を聞き終えた吉田教授は、「済みませんが、もう少しわかり易く抽象的に説明して頂けませんか」と曰ったという。「あれには驚いたよ」という森口教授の言葉が今も懐かしく思い出される。

以上は数学者と応用数学者の違いに関する私の個人的見解であるが、8割の数学者と8割の応用数学者はこの意見に同意するだろう。ついでに書けば、ここで数学者を金融経済学者に、応用数学者を金融工学者に置き換えれば、右に述べたことがそのままあてはまる。

応用数理学会は、産業の役に立つ数学を目指す人達が作った学会である。作る以上は世間にアピールしたい。何かいいテーマはないか。そこで思いついたのが、いまはやりの「ファイナンス」だった。ところが独立したとは言うものの、ほとんどの人は片足を数学界に残していた。したがって、純粋数学者から見て〝美しくない〟お金の研究が、学会の看板になるようなことは避けてほしい——。これが会長のメッセージである。

しかし時代は大きく動いていたのである。

80年代に入って、ハリソン＝プリスカ論文に刺激された確率論研究者が、数理ファイナンスに流れ込んでいた。確率論の専門家にとって、数理ファイナンスは自らの専門を役に立てる絶好の新天地だった。そして彼らが駆使する道具——確率積分——の生みの親は、山口教授の同僚である京都大学の伊藤清教授だったのである。

戦中から戦後にかけて伊藤教授が組み立てた「伊藤の理論」は、数学の世界で高い評価を得た。そしてこの理論は、実際問題の解決にも役立つことが示された。ロバート・マートンがデリバティブ価格付けの基礎理論を組み立てた70年代半ば以来、伊藤の理論は数理ファイナンスの中心的役割を担うようになったのである。

「数理ファイナンス研究部会」に参加したのは、ＯＲ学会の研究部会から移動した人たちが中心だった。しかし間もなくここに2人のスターが加わった。1人は筑波大学の木島正明助教授、もう1人は京都大学の楠岡成雄助教授である。

木島は、〝糸魚川が生んだ戦後最高の逸材〟と称される大物で、わが国の待ち行列研究の元締めである森村英典東工大教授の弟子である。白川の指導教官である森教授も森村門下出身だから、木島は白川の〝叔父〟にあたる。

この人は博士課程在学中にロチェスター大学に留学し、確率モデルの大御所として知られるジュリアン・キールソン教授の下で学位を取った。そして帰国後は森村教授の助手として東工大で数年を過ごしたあと、森村教授と共に筑波大学に移り助教授となった。

東工大時代に、この人がファイナンス研究に特段の関心を示さなかったのは、待ち行列の分野で身を立てようと思っていたからだろう。長い伝統をもつ待ち行列研究から、新興のファイナンス研究に転向すると、仲間から白眼視される危険がある。お金の研究が〝いかがわしい〟と見られていることを考えれば、なおさらである。

筑波の新設ビジネス・スクールでは、金融機関から派遣された多数のエンジニアが、こぞってデリバティブ研究をやりたがった。ところがこの大学でその種の研究指導が出来る人は、木島しかいなかった。こうしてこの人は、職務上ファイナンスの研究を手がけるようになったのである。ひとたび壁を通り抜ければ、そこには沢山の獲物が群れを成していた。

この頃筑波大学に客員教授として赴任したのが、ハリソン＝プリスカ論文で有名なスタンリー・プリスカ教授である。糸魚川の天才は、プリスカの華麗なキャリアに刺激を受け、この分野に本格参入した。

白川は木島の参入にアンビバレントな気持ちを抱いていた。この分野の発展にとっては大変なプラスだが、あとからやってきて兄貴風を吹かされるのは面白くない、というわけである。

私の経験では、5つ以上年齢が離れている先輩には、あまり対抗心を燃やすことはないものである。しかし木島は白川と3つしか違わなかった。そしてプリスカが言うとおり、この2人は甲乙つけがたい才能の持主だった。両雄並び立たず。しかし私がこのことを実感するのは、もう暫く先のことである。

一方の楠岡成雄助教授は、伊藤清教授の薫陶を受けた確率論の大家で、若い頃から数学界のプリンスと呼ばれた。白川より6つ年上のこの人は、マーコビッツ、ボイルに続いて東大の客員教授をつとめたドーフマン教授に刺激されてファイナンスに参入した。

数学界のリーダーたちは、プリンスの〝出奔《しゅっぽん》〟に心を痛めたようだが、それは杞憂《きゆう》だった。この人は特別な努力をすることなく、ハリソン＝プリスカ理論を吸収し、ドーフマンらの難解な論文も軽々と読みこなした。

白川にとって、楠岡教授は本物の「バケモノ」だった。東工大や東大理科Ⅰ類に入った学生は、高校時代に数学が得意だった人たちである。しかし彼らの多くは、自分よりケタ違いに数学が出来る人を見て、数学科に進むことを見合わせる。こんな人と勝負してもかなうはずはないからだ。

楠岡氏は90年代はじめに、40歳の若さで東京大学教授となり、その数年後には数学会理事長に選ばれている。灘高で多くの英才と交わったこの人は、数学だけでなく経済学や文学にも幅広い知識を持っていた。世間では、数学者といえば変わり者集団と思われているが、中には楠岡氏のようにバランスのとれた人もいるのだ。

白川がこの人を見る眼には、限りない尊敬の念が表れていた。楠岡氏は頭が良く優しい〝叔父〟だった。そして白川は、かつて指導を受けた厳しい〝叔父〟から距離を置き、穏やかなもう1人の〝叔父〟に近づいて行くのである。

楠岡・木島・白川トリオを得て、この研究会は急発進した。しかしこの会の主査を務める私は、極めて間の悪い立場に立たされた。

もともと私は、ファイナンスに参入した時点で、確率モデルの研究はしないことに決めていた。いまさらここに参入したところで、碌《ろく》な結果が出せるはずはないからだ。しかし主査ともなれば、この分野について一定の知識を持っていなくてはならない。そこで大急ぎで基本的教科書を読んでみた。本気で勉強したおかげで、大筋は理解できるようになったが、わかってみると、この種の研究は現実問題の解決より、理論としての美しさを目的としているように思われた。

白川はいつも言っていた。「数理ファイナンスは、確率モデルと数理計画法が2本の柱です。僕には確率モデルはわかりますが、数理計画法については通り一遍の知識しかありません。先生が数理計画法の立場からこの分野に参入すれば、新しい世界が開けるでしょう」と。

いつまでたっても数理ファイナンスに参戦しない私を、白川はもどかしく思っていたに違いない。しかし私には他にやることがあった。88年に立てた計画を実現するために、残された時間は僅かしかない。8年後に東工大を停年になれば、それから先は研究などしていられる状況ではなくなるかもしれない。東工大をやめるということは、優秀な学生を失うということだ。学生がいない教授は、弟子がいない相撲部屋の親方のようなものである。停年までにすべての問題に決着をつけるためには、他の仕事に手を出している余裕はない。

92年秋から3年間主査を務めたあと、私はこの会の運営を楠岡氏にバトンタッチし、以後は2度とこの研究会に顔を出すことはなかった。議論の内容がますます数学的になっていたからである。

研究会の数学化現象が加速したのは、ドーフマン教授の影響が大きい。楠岡氏より5つほど年上とお見受けしたが、研究会に招待したときの講演内容は数学そのもので、私にはほとんど何も理解できなかった。

研究会が終わったあと、楠岡、白川氏と共に会食した際に、私が「資産運用理論が専門なので、残念ながらあなたの話を十分に理解できなかった」と言った瞬間、ドーフマン教授にとって私は〝nobody〟に転落した。そして会食が終わるまで、この人は私と口をきこうとしなかったのである。研究会の責任者として講演を依頼し、謝礼を支払った上に会食までセットしたのに少し失礼ではないか。

しかし白川は、楠岡教授が一目置くドーフマン教授を崇拝した。白川にとって数学者である楠岡・ドーフマン両教授は、エンジニアである木島・プリスカ教授とは比べ物にならない〝大バケモノ〟だった。

白川の最初の師は森雅夫教授だった。そのあと私がこの列に加わった。そしていまここに楠岡・ドーフマンという2人の師が加わったのである。完全な0－1型人間である白川は、中途半端なことは出来なかった。この結果白川は、これからあと数年にわたって4人の師に奉仕することになるのである。

かく言う私にも4人の師がいたが、幸いなことに、同時に2人以上の師に奉仕させられることはなかった。またどの師も厳しかったが、無理な要求はしなかった。私も白川に無理な要求をしたことはない。森教授も同様である。また楠岡教授も、自分の弟子でもない人に無理な要求を出すことはなかった。

しかし白川は、頼まれないことまで先回りしてやる男である。私はそこまでやってくれなくてもよいと言い続けたが、ドーフマン教授は違った。

8章　東工大への帰還

筑波での2年半、白川がどんな生活をしていたのか、詳しいことは良くわからない。大学から車で5分のところに宿舎があるのだから、研究室で寝るようなことはなかっただろうが、滅茶苦茶な生活習慣が簡単に変わるはずはない。このような男は、早く結婚して奥さんに管理してもらうしかないというのが周囲の共通認識だったが、この人と人生を共にしようとする人は、簡単には見つからないと思っていた。

私がこの大学に赴任した頃は、近隣の農家のオバさんが、「うちの娘をもらって下さる先生はおらんかね」と、モギたての梨と娘を抱き合わせ販売に来るようなこともあったが、国の研究機関が多くの独身男を運んで来てから市場は逆転し、男3人に女1人という結婚難である。

白川が見合いをしたという話は何回か聞いたが、どれもうまくまとまらなかった。このため白川はコンパの席で、しばしば女性不信の言葉を口にするようになった。「僕は絶対に結婚なんかしません」と叫ぶ現場に、私は何度も立ち会っている。

当時ファイナンス関係者の間では、「白川の結婚問題はNP困難だ」という説が流布していた。NP困難とは、どう頑張ってもうまく解けない難問群のことをさす数学関係の専門用語である。

筑波大学社会工学系にはもう2人のNP困難男がいたが、その中で最も困難とされたのが白川だった。かつて困難男を自認した博物学者の荒俣宏氏は、40代半ばに難問を解いたとき、「女性は世界に1人だけいてくれればいい。1人なら根気よく探せば必ず見つかる。私がその証明書だ」と言っていた。慰めるつもりでこの話を聞かせてやったが、白川の耳には入らないようだった。

しかし私は、白川の結婚について特段心配していたわけではない。結婚してもどうせ長続きしないから、1人でいたほうが良いと当時は思っていたからである。それより心配だったのは、経済学者たちのイジメにあうことだった。

金融（ファイナンス）は、もともと経済学部、商学部、そして法学部が扱ってきた典型的な文系学問である。しかし70年代末以降、この分野は著しく技術化した。デリバティブ商品の価格付け、信用リスクの計量、証券化、企業評価などに高度な数学と計算技術が必要になったからである。

このため、大量のエンジニアがこの分野に参入した。われわれが金融工学に参入したのは、これらのエンジニアを支援するためだった。しかしエンジニアの参入は、この分野を仕切ってきた金融経済学者にとって嬉しいものではなかった。

エンジニアは勤勉でモラルが高い。そして一部のエンジニア、たとえば木島正明や白川浩は、数学者並みに数学に強く、経済学も良く勉強している。容易ならざる強敵の出現に、経済学者は危機感を募らせた。一定以上の年齢の経済学者にとって、新しい数学理論は簡単にマスターできるようなものではなかったからである。

そこで彼らはエンジニアを批判した。「経済学の素養を欠いた単なる計算屋に過ぎない」、「理論なき計算は garbage in garbage out（ゴミ箱から取り出せるのはゴミだけ）だ」等々。批判の矢面に立たされたのは、金融工学の先頭に立つ私だった。

私にとって、この種の批判は〝想定の範囲内〟だった。言いたければ言わせておけば良い。われわれが本気でやれば、いつか彼らの支配を打破することが出来るはずだ――。

ファイナンス理論は60年代以来、米国勢の独壇場だった。そして日本の金融経済学者は、米国流ファイナンス理論の輸入業者に過ぎなかった。それは先進国の技術導入を図った、昭和30年代のエンジニアの姿だった。

輸入業者は一定のマージンを取っても構わない。しかし彼らが享受している利益は、〝一定の範囲〟を逸脱していた。とはいっても、私はその実態を自分で見たわけではない。研究会に集まるエンジニアや、白川の口から発せられる信じ難い話を聞いても、まさかそこまでのことはないだろうと思っていたのである。

しかし自分の学生がある忌まわしい事件に巻き込まれたのがきっかけで、私は一部の金融経済学者の実態を知ることになった。学生を守るため私は反撃に出た。モラルが低い人たちに代わって主導権を握る近道は、国際競争の場で評価を確立することである。わが国の経済学者はアメリカに弱いから、アメリカのチャンピオンたちに一目置かせることが出来れば、自ずと勝敗は見えてくる（こう書くと、私自身もアメリカ志向だということになってしまうが、時として毒をもって毒を制する戦略も必要だ）。

金融工学の旗手と金融経済学者との反目は、工学と経済学の協調を願う人達にとって頭痛の種だった。両者の仲介をしたいと考えた人達が何回となく接触してきたが、私はそれを断り続けた。この結果私は、金融経済学者グループにとって最も不愉快な存在となった。

白川はその私の右腕である。もし筑波に彼らの仲間が入り込んでいれば、白川はその人達の標的となる。私が心配していたのはこのことだった。しかしそれは杞憂だった。国際的ジャーナルに何本も論文を発表し、米国の大家たちからも高い評価を受けている白川は、経済学者たちからも一目置かれる存在になっていたのである。

そんな私の身の上に大きな変化が生じた。白川が筑波に移って2年後の1994年の春に、人文・社会群から経営システム工学科に移籍したのである。一般教育担当から専門教育担当への配置換えは、企業で言えば、子会社勤務から本社勤務への栄転に相当する。

経営システム工学科は、新しい時代に向けて新たな体制を組む必要があった。森・丸山教授は金融工学への展開を考えた。しかし簡単に話はまとまらなかった。このポストは、3年前まで速水教授が坐っていた化学工学グループの指定席である。本来であれば、速水教授の後継者を昇任させるのが順当だ。人事委員会は割れたが、激論の末に私が選ばれたのである。

　移った先は規律の厳しいエンジニア軍団である。ややこしいことはいろいろあった。人事委員会で最後まで反対した大物教授や、やっと助教授になれると思っていた高齢助手との付き合い。そしてそれまでに比べて3倍以上に増えた雑務。学部中心の組織を大学院中心の組織に組替えることによって、有力大学を優遇しようという、文部省の「大学院重点化」方針を受けた大学改革に関する会議・会議・会議。しかし筑波時代の苦労に比べれば、これは何ほどのこともなかったのである。

　秋になって持ち上がったのが、経営財務講座の助教授人事だった。企業における資金の調達・運用などを研究する講座で、その責任者は古川浩一教授である。この人が出した条件は、文系の学問である会計学や経営財務論に明るく、しかも大発展中の金融工学にも通じている若手の研究者というものだった。誰が見てもそんな候補は白川しかいない。

　移ってまだ2年半にしかならないから、筑波側は難色を示すかもしれない。しかし戻る先が出身大学で、しかもかつての指導教官が呼び戻すのだから、最後までノーとは言わないはずだった。そこで本人の意向を確かめることになった。

　ところが案に相違して、本人はあまり乗り気ではなかったのである。博士課程を終えるまでの8年間、白川はこの学科で様々な苦労を味わった。特に博士課程時代に経験した出来事が、大きな傷跡になっていた。〝厄介な人たち〟の大半は停年で大学を去ったが、学科の伝統は一朝一夕に変わるものではない。その上この学科の教官のほとんどは、白川の小姑たちだ。

私には白川の気持ちが良くわかった。私自身も、偉い先輩たちがにらみをきかせる出身学科に呼ばれれば、二の足を踏んだだろう。教授ならともかく、助教授として何年もこれらの人々の顔色を窺って暮らすなんて、考えるだけでもゾッとする。

横暴な教授の下で我慢を重ねて教授になった人は、えてして横暴な教授になる。そういう人と暮らすうちに自然にそのカルチャーを受け継ぎ、それが当たり前だと思うようになるのである。

逆もまた真である。能力もあり人柄も好い教授の下で育った学生は、この人のカルチャーを受け継いで優れた教授になる。こうして、学科の伝統は受け継がれてゆくのである。

しかし古川教授は説得を諦めなかった。「私が後ろ盾になる。他の教授達も支援しているから心配するな」。結局、白川はこの説得を受け入れた（これが良かったのかどうか、今となっては良くわからない）。

しかしここに予想外の障害が待っていた。この学科では、助教授になるためにはレフェリーつき論文を10編以上書いていること、という内規（文書化はされていない不文律）があるのだが、まだ9編しか発表していないというのだ。

助手になったとき既に2編の論文が出ていたし、そのあとも論文を書きまくっていたはずである。その中の1つ、プリスカ、ボイル両教授に激賞された論文は、ついこの間「Mathematical Finance」誌に載った。またその後に書いた3編のうち2編は既に公刊され、もう1編も合格通知が来ている。私が知っているだけでも7編はある。では助手時代に書いたあの論文はどうなったのか？　筑波に移ってから2年半、何も仕事をしなかったのか？　そんなはずはない。あちこちの研究会で何回も発表していたし、いくつかレポートを送ってもらった（難しくてわからなかったが）。

そこで私は、研究会のあとで本人に尋ねてみた。

「あの頃の論文はどうなったんですか？」

「うまくいきませんでした」

「あれだけ評判になったんだから、全部だめということはないでしょう」

「――」

「近々合格通知が来そうなものはないんですか？」

「もう諦めました。レフェリーからいろいろ言われましたが、英語がなっていないというので直すと、文献のサーベイが十分でないとか参考文献が不十分だとか……」

「君、まさかジャーナル・オブ・ファイナンスとか、エコノメトリカなんかに出したんじゃないでしょうね！」

白川は無言だった。つまり、これら経済学者が編集陣を占める敷居の高い雑誌に投稿して、無情なレフェリーに撃墜されたのだ。経済学者から聞いた話では、金融経済学ジャーナルの最高峰とされるジャーナル・オブ・ファイナンスの合格率は2割以下ということだ。エコノメトリカもそんなものだろう。こういう雑誌に論文が載れば、経済学者は3年間何もしなくても大丈夫だという話も聞いた。

経済学者は他人に厳しい。他人が厳しいから自分も厳しくするのだ。私も4年前に自信作を「Management Science」誌に投稿したとき、経済学者とおぼしきレフェリーから、「これは単なる思い付きに過ぎない。ファイナンスの勉強を一からやり直せ」というレポートを受け取って、頭の中が真っ白になった経験がある。だから私は、なるべく経済学者の影響が及ばない雑誌に投稿して、業績を稼ぐことにしたのだ。

経済学者が工学的（実用的）論文に厳しいのは、世界共通の現象である。ブラック＝ショールズ公式で有名なMITのフィッシャー・ブラック教授は、歴史に残る論文を2つのジャーナルから拒絶されている。また80年代以降の経済学論文も、ほとんど討死にだったという。

かつて私はある若手経済学者が、「アローのつまらない（応用）論文を拒絶査定した」と自慢しているのを聞いてあきれたことがある。ケネス・アローは世界最高の経済学者だから、この人の論文なら読みたい人は沢山いるし、そもそもアローともあろう人が、駆け出しの研究者に拒絶されるような、つまらない論文を書くはずがないのだ。

アローの論文を〝つまらない〟と切り捨てるゴーマン・エコノミストからすれば、エンジニアが書く論文は〝つまらないの5乗〟ということになる。「われわれエンジニアは、多少グレードは低くても、エンジニアの仕事に好意的な雑誌に投稿すべきだ」。これは私がいつも繰り返してきた言葉である。しかし白川には通じなかった。この人にとっては、一流ジャーナル以外は価値がなかったのである。

1編足りない！　古川教授の相談を受けた私は、次のような策を提案した。白川が書いた論文は9編以外にもある。文系の学会が発行している雑誌に載った2編の論文である。この雑誌には厳密な意味でのレフェリー制度はないが、編集委員が内容をチェックし、場合によっては修正を要求する。厳密な意味ではレフェリーつき論文とはいえないが、それなりの内容であることは保証されているわけだ。

そこでこれらの準レフェリーつきの2編の論文を、1編のレフェリーつき論文とみなすことにしようという提案である。もともと内規は内規に過ぎないから、選考委員会がこれを認めれば問題ないわけだ。こうして白川人事は実現したのだが、この〝粉飾〟操作は、白川に大きな心理的負担を与えたようである。

9章　助教授というポスト

助手に比べると、助教授は格段にグレードの高いポストである。学内でも学外でも一人前の研究者として処遇されるし、人並みに業績をあげれば、いずれは一国一城の主である教授ポストが約束されているからである。

それだけに、助教授の責任の重さは助手とは比較にならない。いくつもの講義を担当することはもちろん、学生の卒論指導、大学院生の研究指導、様々な雑務、そして学科を代表して学内の会議にでなくてはならないし、関係学会の仕事も引受けなくてはならない。しかも最も若い助教授は、率先してこれらの仕事を引受けるべし、というのが工学部の伝統である。

この結果、白川には沢山の仕事が降ってきた。人文・社会群助手の頃に比べると、ざっと10倍の負担である。筑波時代に比べても2倍にはなったはずである。研究の鬼と呼ばれる情報科学科の小島教授も、「助教授になると研究する時間がない」とボヤいていたくらいだ。しかしこういう状態でも研究を続けなければ、研究者として失格である。

古川教授の講座の助教授である白川とは、助手時代のような親密な付き合いは控えていた。

しかしすぐそばに研究室があるのだから、研究会の打合せなどで頻繁に行き来していたのはもちろんである。

白川の研究室の一角には、私が筑波から運んできたソファ・ベッドが置いてあった。20年近く使った時代物で、汚れが目立つようになったので廃棄したところ、いつの間にか白川の部屋に運び込まれていたのである。私は事務官の眼を恐れて、これをベッドとして使うことは控えていたが、白川は週3日はここで寝泊りしていたようだ。

白川の研究室のホワイト・ボードには、いつも2ダースを超えるポストイット・カードが貼ってあった。1～2週間のうちに処理しなければならない仕事を記したものである。1日に5枚はがしてもまた5枚加わるので、一向に減らないということだった。腕に数式を書いて文系教官を驚かせた助手は、手の平に用件を書いて走り回る助教授になっていた。

東工大には約1100人の教官がいる。その中の約400人が教授、350人が助教授、そして350人が助手である（ちなみに、日本の大学教官の総数は約10万人、これはその筋の人とほぼ同数だという）。ここで彼らがどんな生活をしているのか、概略を紹介しておこう。

教授は学科の基本単位である「講座」の責任者である。講座に所属するのは、助教授、助手各1名と、約40名の学生・研究員である。私の学生時代、各講座は独立した王国であり、何人といえどもその内政に口を挟むことは出来なかった。助教授、助手の職務分担には、大学や学部、そして学科ごとに一定の慣行がある。しかし教授がそれを覆しても、誰にもそれを止める権限はなかったのである。

教授の権限が最も強いのが医学部であることは衆目の一致するところで、その横暴さは山崎豊子の『白い巨塔』や佐藤秀峰の『ブラックジャックによろしく』などに詳しく（やや誇張して）描かれている。

工学部教授の権威はこれには遠く及ばない。しかしそれでも、30年前の工学部教授は大変な権威があった。50年代末から70年代はじめ、理工系大学の拡充が行われる前は、教授ポストはいまの半分もなかったから、教授になれる人は秀才中の秀才に限られた。したがってどの教授も、その分野の大権威だったのである。

しかし70年代に入ると、教授の権威は急降下した。希少価値がなくなった上に、学園紛争で教授の横暴と無責任が世間に広く知れわたったのに乗じて、文部省が教授会の自治権を弱める方策を講じたのである。

国が大学行政に介入する突破口を開いたのは、１９７３年に新設された筑波大学である。この大学では、教授会決定は暫定的なもので、上部機関である人事委員会や評議会がその決定を覆すことが出来た。これは国立大学の歴史始まって以来初めてのことである。そしてこれを境に、どの大学でも教授の権限は大幅にカットされていったのである。

権限は減ったが仕事は減らなかった。それどころか雑用は増える一方だった。80年代半ばから、大学改革の嵐が吹き荒れたからである。独立法人化に到るこの20年は、改革につぐ改革の連続だった。東工大教授がこのために費した時間は、優に1万時間を上廻る。

さて、理工系の研究者にとって一番大切なのは、優秀な学生と研究費である。東工大の場合、学生の優秀さについてさしあたり問題はない。問題は研究費である。理工系の研究者は、これがなければ手も足も出ない。研究費を減らされると困る人達の集まりは、文部省の意向を最大限尊重した。時にそれを先取りしてまで文部省を喜ばせたのは、少しでも多くの研究費を引き出すためだった。

東大教授たちは、東工大が文部省の支援の下に次々と新分野に乗り出していくのを、驚きの眼で見ていた。彼らは言った。「東工大は何でも呑み込んでしまう」と。私は付け加えた。「そしてすべてをうまくやってしまう」と。世間一般の見方からすれば、東工大の格付けは東大より下だったが、専門家の評価はほぼ拮抗《きつこう》していた。

80年代半ば以来、国立大学には一般教育の大綱化、入学試験の多様化、留学生10万人受け入れ、大学院重点化などの改革の嵐が吹き荒れた。その内容を説明するには、それぞれ何ページものスペースが必要だが、これらの改革にあたって管理職である教授達は会議に忙殺された。90年代初めの全学委員会の数は300を超えた。「会議を減らす委員会」まで組織されたが、実効は上がらなかった。

90年代初めの教授たちの年間平均労働時間は、優に3000時間を超えていたはずである。経営システム工学科に移った私は、毎週月曜から金曜まで7時から18時、土曜は7時から12

時の週60時間、年50週で約3000時間働いた。機械、化学など実験系教授はこの上を行っていた。月から金は9時～21時、土曜は9時～17時、そして2回に1回は日曜日も大学に出るというスタイルで、年3500時間以上働く人も珍しくなかった。

古くから工学部教授は、研究・教育・雑務にそれぞれ3分の1の時間を割くといわれてきた。ところが改革に伴い雑務がふえたため、労働時間は2割増しとなった。実力教授には、関係学会の役職や企業／役所との付き合いもある。能力と体力のある教授は軽々とこれに対応し、ますます存在感を高めた。

その一方で家族に見放され、(協議)離婚に追い込まれる人が激増した。体力のない人は研究時間を減らして生き延びたが、学者としては一流から転げ落ちた。かつてモーレツサラリーマンという言葉があったが、この大学では沢山のモーレツ教授が走り回っていた。

教授が忙しければ、当然助教授も忙しくなる。白川は経営システム工学科の教授たちがどれほど忙しいかを知っていた。だから栄転に乗り気ではなかったのだ。それにしても、白川の忙しさは尋常ではなかった。新しく担当することになった講義の準備、学生の指導、学科の雑務、数理ファイナンス研究部会の事務や、OR学会関係の仕事もあった。しかしそれを計算に入れても、白川は忙し過ぎた。忙しかった理由は、東工大助教授のみならず東大「私設」助手も兼ねていたからである(こんな人はあとにも先にも白川だけである)。

もちろん私は、白川が東大の楠岡ゼミに参加していることは知っていた。出稽古は望ましいことだが、大岡山から駒場まで同じ目黒区内とはいえ、直線でも6キロはある道のりを自転車で行き来するのは如何なものか、と苦言を呈したこともある。しかし自転車だとタダで済むし、時間も早いというので黙認していたところ、ある日大学脇の緑が丘の五叉路で乗用車に当て逃げされ、自転車が大破して（本人は小破といっていたが）からは、電車で通うようになった。自転車を修理するより、電車賃の方が安いというのがその理由だった。

白川はプリスカが驚いたくらい、確率論をよく勉強していた。エンジニアとしては、この分野のチャンピオンだった。しかしそれでも数学者には敵わなかった。日本の確率論は、戦後一貫して世界のトップを走ってきた。そして白川が尊敬する楠岡成雄氏は、大御所伊藤清教授の薫陶《くんとう》を受けたチャンピオンである。つまり確率論の世界的権威なのだ。

学生時代、白川が知る最強の確率論研究者は、兄貴分の木島正明だった。しかし楠岡教授の実力は木島より上だった。数学には上には上があり、そのまた上があるのだ。私は高校時代に数学の天才を見てそのことを知った。大学に入って、その人より上があることを知った。東大では、森口繁一、伊理正夫、竹内啓というスーパースターを、そしてスタンフォードでは、マイク・ハリソン、リチャード・ブレントという神様のような人を見た。楠岡教授は、これらの人と遜色《そんしょく》のない大天才なのだ。

賢明な木島は、このような人達と同じ土俵で競争しようとは思わなかった。東工大の情報科学科は、数学・計算機科学・ORの専門家の混成部隊だから、木島は数学科のスゴイ人達を知っていたのだ。一方工学部出身の白川は、数学者との付き合いはなかった。お山の大将は、大学院に入って木島の存在を知った。当時の白川は木島に歯がたたなかった。しかしこの人の叱咤《しった》激励の下に力を伸ばし、対等なところまで自分を持ち上げた。

しかし楠岡教授は本物の〝バケモノ〟だった。この人に私淑した白川は、東大に出入りするようになった。大学院重点化政策の結果、ここには金融機関から派遣された多くの社会人大学院生がいた。とても楠岡教授1人で面倒を見切れる数ではない。そこで楠岡教授は白川に学生の指導を依頼した。あるいは、白川が自ら買って出たのかもしれない。この結果白川は、私設東大助手を兼任することになったのである。

人文・社会群の助手だった時代、頼みもしないのに白川は修士課程の学生の指導を引受けてくれた。そして私が知らないうちに、出来の悪い留学生の修士論文を書いてやっていた。そのつど私は白川に忠告した。「頼まれないことまでやる必要はない」と。

頼まれないことまでやってくれる助手は便利なものだ。OR学会と応用数理学会の研究部会の運営が滞りなく進行したのは、この人の手腕のおかげだ。しかし私は、白川の〝やりすぎ〟を危惧していた。いつかこれがこの人の命取りになるのではないか、と思い始めたのはこの頃である。

一方白川の代わりにやってきた2人目の助手タック氏は、研究以外は何もやらない人だった。英語、ロシア語、ドイツ語がペラペラだという青年に、私は大枚をはたいて日本語教習テープ24巻を送っておいた。しかし日本に到着したとき、この人はオハヨウ、コンニチワ、ヨカッタなど、せいぜい10語しか話さなかった。一方の奥さんは、日常会話に支障はなかった。私の送ったテープで勉強したのは、本人ではなく奥さんだったのだ！

日本に来てからは、留学生用の日本語講座に参加できるようアレンジしたが、1年経っても全く進歩がなかった。日本の大学では、日本語の読み書きができなければ、どんな仕事も勤まらない。「僕は日本語がわからないから何も出来ません」と平気で言う人には、何を頼んでもムダだ。

人文・社会群の助手だった間は、これでも問題は起こらなかった。しかし規律が厳しい鉄の軍団に移籍したあと、事情が変わった。工学部では、助手も様々な仕事を引受けるのが当たり前だからである。数学力は優れていても、全く日本語ができない助手の年末調整やら何やらの書類を代筆する教授は、改めて白川ほどいい助手はいないと再認識するのだった。

ドイツ語、ロシア語もペラペラというのは私の聞き違いだったのか、〝息子〟を売り込むためにトイ教授が粉飾したのかはよくわからない。しかし4年近く日本に住んだにもかかわらず、ついに１００語しか覚えなかったというのは尋常でない。

「頼まれないことまでしなくていい」と言い続けた助手。「頼んだ事ぐらいはやってくれ」と言い続けた助手。自業自得とはいいながら、あまりの落差に私はいつも嘆息していた。

10章　ベルギー留学

日科技連出版社から、金融工学に関するテキストの執筆を依頼されたのは、白川がまだ筑波にいた94年のはじめだった。ここから出す教科書は、それまでの3冊が他人がやったことを解説した普通の教科書だったのに対して、今回の4冊目は自分のオリジナルな研究をもとにした意欲作である。

1988年に「理財工学」の旗を立て、本格的にファイナンスの研究を開始した私は、年2回以上の研究発表のノルマを守るべく研究に励んだ。その結果、89年から94年にかけて毎年2編の論文が仕上がった。合計10編の論文は、1冊の本としてちょうど適当な分量である。タイトルは『理財工学』で決まりだ。

一方の白川も年2回の発表をこなしていたから、かなりのストックを持っているはずだ。ちょうどいい機会だから、この人にパート2を書いてもらったらどうだろうか。出版社は二つ返事でこの提案を受け入れた。

白川は数理ファイナンスの世界ではエースだった。しかし、ＯＲ学会でその名前を知る人はまだそれほど多くなかった。より多くの人に知ってもらうには、本を書くのが一番である。研究者の業績は、一流ジャーナルに掲載された論文の数で計られるが、専門論文の平均的読者数は多くて10人程度というのが定説である。ごく少数の〝画期的〟論文を除くほとんどの論文は、誰かがやった研究の一部を変更しただけのものだから、細部に関心のある人、つまり数人の専門家しか読まないのである。

一方教科書となると、読者層は100倍に広がる。細部はどうでもよいが、その分野の概略を知りたいという人は沢山いるからだ。教科書を書いても研究業績にはならない。しかしこれによって、知名度は一挙に高まるのである。ついでに富も蓄積されれば良いのだが、世の中で最も報酬が低いのが理工系の専門的教科書作りだということはあまり知られていない。

ちなみに私は、1978年から94年までの間に6冊の教科書を書いたが、初版は1000部から1500部程度である。定価3000円とすると、印税は10％だから収入は1000部で30万円である。一方、この種の本を書くには大略1000時間は掛かるから、時給に換算すれば300円、マクドナルドのアルバイトの半分以下である。

運が良ければ1年程度で増刷される。しかしその数は、300部から500部が限度である。中には5000部以上売れたものもあるが、工学系の専門的教科書で1万部に届くのは100に1つだろう。

なぜこんなに売れないのか。最大の原因はコピー機の発達である。

私の学生時代、コピーはコストと手間の掛かる作業だった。1枚のコピーに50円のコストと1分以上の時間が掛かったから、1万円以上の洋書でもなければ、丸ごとコピーすることなど考えもしなかった。10年後、筑波大学に奉職した頃、コピーは1枚20円に下がっていた。本が売れなくなったのはこの頃からだ。

まもなく1枚10円以下の時代がやってきた。300ページの本なら見開き2ページで150枚に納まる。特に大学のそばなどのコピー屋ではいまやB4判1枚は7円か8円ほどでコピーできるから、1冊丸ごと1500円以下でコピーできるのである。こうなると、1人の学生が1冊3000円で買って10人分をコピーし、(学科の製本機を使って)表紙をつけ1冊2000円で売れば、2時間程度で5000円以上の利益が出る。自分で買わずに図書館から本を借り出せば、8000円以上の儲けだ。頭の良い学生がこれをやらないはずがない。ちなみに94年当時、15人の教官と約100人の学生が所属する、経営システム工学科が生産するコピーは年間54万枚に達したが、その中のかなりの部分が丸ごとコピーだった可能性がある。

理工系専門書は売れない。売れないから定価が高くなる。高くなるからますます売れない。この結果、多くの理工系出版社は経営不振に陥った。よほど売れる本でなければ、出してくれなくなったのである。いまや200ページで5000円、初版800部という本も珍しくなくなった。

かつてＭＩＴのサミュエルソン教授は言った。「教科書『Economics』は私に富と名声をもたらした」と。しかし日本では、何千人もの文系学生が必習で履修する「経済学概論」の教科書でもない限り、このようなことはありえない。

では私はなぜ、売れない教科書を6冊も書いたのか。それは次の世代の研究者を育てるためには、誰かが教科書を書かなければならないからである。学生が勉強する上で、教科書は決定的な影響を及ぼすのである。２つ目の理由は、教科書があれば授業での板書が少なくてすむし、プリントを配るという面倒な手数も省けることである。

サミュエルソン教授に代わって私は断言する。「教科書を書いても富を得ることは出来ない。しかし、いい本を書けば名声を得ることは出来る」と。

何を考えたかわからないが、白川は『理財工学Ⅱ』の執筆を引受け、出版社の求めに応じて目次を提出した。94年春のことである。それはまことにわくわくするような内容だった。この本を読めば、難解極まるこの人の論文のエッセンスを理解することが出来るのだ。

この直後に決まったのが、白川の海外留学だった。筑波に赴任してからずっと申請し続けた、文部省の在外研究員に当選したのである。これに当たると、月給とは別に10ヶ月分の滞在費と旅費の全額が支給される。総額７００万円くらいの大金である。大学に勤める若手研究者にとっては、一生に一度のチャンスである。だからこれに当選すれば、学科としてはそれを最優先するのが慣例である。こうして、白川青年の年来の夢が実現することになったのである。

当初の計画では、95年の4月に出発することになっていたが、そうすると講義に穴があく。中には休講にするか、誰かに丸投げして予定通り出かける人もいるが、白川はそれが出来るような男ではなかった。

出てきたのは、出発を4ヶ月先延ばしして7月までに1年分の講義を終え、10ヶ月後の5月末に帰って6月から翌年の講義を開始する、というプランだった。この結果、白川はますます忙しくなった。とても本など書いていられる状況ではなかったが、留学中は自由なのでその間に仕上げるといっていた。つまり96年4月には間に合わなくても、その年の暮れまでには出せるということである。

「10ヶ月の間に2000時間勉強して、残りの1000時間で本を書きます。どうせ他にやることはありませんから」という言葉を私は信じた。しかし少し（かなり）気になったのは、行く先がかねて希望していた米国ではなく、ベルギーだということだった。

ファイナンス研究の中心地は米国である。したがって、留学先はスタンフォード、ウォートン、MITの御三家を筆頭に、コロンビア、シカゴ、カーネギー・メロンあたりが順当なところだ。これらの大学であれば、知り合いが何人かいるから、推薦状を書くくらいは何でもない。

私は相談があれば、理論と応用がバランスしたスタンフォードかコロンビアを推薦するつもりでいた。スタンフォードは多士済々だし生活環境がいい。もちろん白川はそれを良く知っているはずだ。一方コロンビアにもいい人が沢山いるし、ニューヨークは世界の金融ビジネスの中心地だ。

そんなアメリカ好きの男がベルギーを選んだのは、ドーフマン教授が呼んでくれたからだろう。しかしここはフランス語圏だから、日本人にとって住み易いところではない。それにドーフマン以外にどんな人がいるのだろう？　折角の機会だから、多くの知己を作った方が将来のためではなかろうか？　しかし、国からの費用で留学する場合は、一旦決まった行先の変更は不可能だ。

7月末に久野、タック両氏と何人かで、白川の壮行会を開いた。

「あそこには、ドーフマン教授の他には誰がいるんですか？」

「夏の間は、ウィーン大学のシャッヘルマイエルさんが来るそうです」

「極め付きの数学者ですね。それ以外は誰がいるの？」

「ファイナンスの専門家はいません。しかもドーフマン先生は、9月からチューリヒに本拠地を移すことになるそうです」

「それじゃ誰もいないということですか？」

「チューリヒはブラッセルに近いから、時々は戻ってくると言っていました」

悪い予感がしたが、私は忘れることにした。いまさら心配してもどうにもならないからだ。

実際私は、この人のことを考えている余裕はなかった。文部省の大学院重点化政策の下で、経営システム工学科と社会工学科の2学科と一般教育グループが協力して、新たな組織を作ることになったため、上を下への大騒ぎとなっていたからである。

一般教育等委員会の委員長を引受けさせられて大消耗している上に、大学院重点化に関わる様々な委員会（1回2時間、週3回）に引張り出され、決して自分の意見を言わない委員長の下で、いつ果てるともない議論につき合わされた。学科の中も揉めに揉めた。筑波時代の月10回に匹敵する会議の連続だった。

これほど揉めたのは、文部省が大学院重点化に当たって、一般教育組織——人文・社会群、教育群、保健体育群——をそのまま大学院に格上げすることを認めなかったからである。何故なら一般教育担当→専門教育担当→大学院教育担当は、前例のない〝2階級特進〟措置になるからだ。新しい組織は、各学科をマゼコゼにしなければ認められない。それが出来なければ、人文・社会群は自治権のない二級市民の集まりとなってしまう。それでは気の毒だから、ここは一つ彼らのために協力して欲しい。これが大学執行部の要請だった。

つまり、経営システム工学科の何人かが人文・社会グループに移り、その代わりに人文・社会群から何人かを受け入れて、新しい学科を作らなくてはならないのだ。誰を放出するか？　出たい人は誰もいない。誰を受け入れるか？　迎えたい人はいるが相手が出さない。スッタモンダの大騒動である。

一方、一般教育等委員会の大問題は、40年間続いた融通教官の解消措置である。既に述べたとおり、人文・社会群には特別措置で3人分の助手ポストが融通されていた。大学を改組するに当たって、これらの定員を原則として元に戻すことになったのだが、そのポストには誰かが坐っている。ところが公務員をクビにするわけにはいかない。暫くすれば何人か停年になるが、果たして間にあうか。

もしこの委員会の委員長を務めていなければ、新組織設立に関わる委員会の責任者を引き受けさせられていたかもしれない。実際その話はあったのだが、辛うじてこれを逃げ切った。融通解消は難問だったが、新組織設立はケタ違いの大難問だった。もし一般教育等委員会の委員長を務めていた山下教授が病気になっていなければ、私はこの仕事でボロボロにされていたかもしれない。

新しい組織は、白川が帰ってきた96年6月にスタートした（大学の新旧の組織図を6頁に入れたので参照していただきたい）。「大学院社会理工学研究科経営工学専攻」の「理財工学講座」は、教授今野浩、助教授白川浩、助手鈴木賢一という布陣だった（日本語が話せないタック氏は、「これからはラグビー部でガンガン働かされるぞ」と伝えたところ、ベトナムに戻って行った）。

白川がベルギーから帰国した日、私は東京駅まで迎えに行った。前と後ろにナップザックを2つと紙袋を抱えてバスから降りてきた白川は、1年の間にやけにオジサンぽくなっていた。お腹の出具合からして、5キロは増えたのではないか。

しかしもっと驚いたのはその後である。大トランクと中トランクが、バスの横腹から出てきたからだ。身長158センチ、体重75キロのオジサンは、自分の体重以上の荷物を持って帰ってきたのだ。輸送費最小化を目指したにもかかわらず、逆にかなりの超過料金を取られたということだ。

10ヶ月を学生寮で過ごしたことは知っていた。経費節減にはこれが一番だが、国から700万円ももらっている東工大助教授が、月2万円の学生寮暮らしとは如何なものか。個室とは言いながら、シャワーもトイレも共用である。毎日毎日、寮の食堂でベルギー定食。たまにキッチンで日本食を作ろうと思ったところ、誤って油をひっくり返して火事となり、腕に大やけどを負った上に、高額の修理費用を弁償させられた話は、涙涙の物語だった。

もっとひどいのは、チューリヒからたまに戻ってくるドーフマン教授が、捨て子扱いした学生の面倒を白川に見させたことだ。日本国を代表して派遣された国家公務員は、ベルギー人の下働きなどしなくてもいいのに、何でノーといわないのか。

東工大助教授は、東大私設助手を兼任して消耗した。ブラッセル〝自由〟大学で自由な時間をエンジョイできるはずだった男は、ここでドーフマン教授の私設助手として大消耗したのだ。この1年間に論文を2編書いたというが、無理を重ねたためか体調は目に見えて悪くなっていた。白川は大したことはないと言っていたが、念のため検診を受けたところ、直ちに入院となった。

１週間後に出勤した白川から、インターフェロン（ウイルス増殖抑制因子）を打った結果体調が持ち直したと聞いた私は、〝インターフェロン？　そんなもの打つのはただ事ではない〟と思ったが、このときも私は、白川の体調がどれほど悪いかよく知らなかったのである。

11章　うるさい教授

長期間留守にしていた人は、雑用を多目に引受けるという学科のルールに従って、白川には平均的助教授の5割増の仕事が割当てられた。新組織設立に関わるゴタゴタにケリがついていたから良かったものの、体調が悪い男にとってはかなりの負担である。

そんな中でも白川は、東大の楠岡ゼミに出席していた。しかし、かつての助手扱いは過去のものだった。大物ドーフマン教授の〝同僚〟として過ごした1年で、白川は欧米の研究者にも名を知られる〝大物〟になっていたからである。

新分野に乗り出しガンガンやっている今野・白川研究室は学生の間で人気が高く、卒業研究にはトップクラスの学生たちが集まった。希望者数が定員枠をオーバーしたときは、ジャンケンで所属を決めるルールになっていたので、最も優秀な人がよそに回されることもあった。しかしガンガン勉強させられる研究室を希望するのは、やる気がある優秀な学生ばかりである。

これらの学生のほとんどは成績上位者だから、試験なしの推薦入学枠で大学院に進学する。

更に学外の有力私立大学からも、東工大のブランドと安い授業料に惹かれて、優秀な学生がやってきた。この結果97年に入ると、今野・白川研は学部学生を含めて30人近い学生で溢れることになったのである。

特に白川研は、〝クォンツ〟を志望するギラギラした男たちの集まりだった。すでにバブルは崩壊していたが、これらの学生の多くは一流銀行や外資系銀行にスカウトされていった。一方、私のところはギラギラ男は少なく、就職先も様々だった。これらの学生たちは、90平米ほどの広い研究室の東半分と西半分に分かれて住んでいたが、異なるカルチャーをもつ人たちが波風を立てずに付き合っていたのは、今考えれば不思議なことである。

私の研究室では、学部学生と大学院生合同のゼミを週1回開催するのが慣例だったが、白川は週2回以上、夜も昼も構わず不定期でゼミを行っていた。深夜まで、何時間にも及ぶゼミから帰ってくる学生たちの眼は落ち窪んでいたという。兄弟子である木島譲りの厳しいトレーニングで、学生たちをしごいていたのだ。

この結果、学生たちはメキメキと力をつけ、質の高い修士論文を書いた。しかし何故か博士課程に進もうとする人は1人もいなかった。学生たちがこれ以上はつきあいきれないと思ったのか、それとも白川の方で拒否したのかよくわからない。

優秀な学生があれだけ熱心な指導の下で書いた論文なら、少々手を加えれば専門誌に掲載してもらえる内容だったはずである。東工大の学生は皆すぐれた才能の持主だから、学部時代に「かくかくしかじかの材料を、かくかくしかじかの方法で料理すれば、何かおいしいものができるはずだ」と言っておくと、卒業時にはまずまずの料理が出てくる。大学院に入って味付けを工夫し、サラダとスープを添えれば、専門誌に受け入れてもらえる論文が仕上がる。

われわれの研究は、アイディアと計算の組み合わせである。私にはいろいろなアイディアがあった。しかしその有効性を確認するには、データを用いた計算実験が必要である。ところが私は、計算機プログラミングが嫌いだった。数学と同様、この世界は人によって1対10、場合によっては1対100の違いがある。私が1とすれば、東工大の学生のほとんどは10以上の力があるから、計算は学生に任せた方がいい。

白川なら、プログラムを書かない教授を、「あの人のプログラミング能力は小学生以下だ」と軽蔑するだろう。しかしここは、経済学の教えである「比較優位の原則」に従う方が賢い。イギリスの経済学者、リカードゥの定理によれば、綿織物もワインも作ることが出来るイギリスと、同じくワインと綿織物を作ることが出来るポルトガルという2つの国があったとき、イギリスは得意な綿織物に特化し、ポルトガルはこれまた得意なワイン生産に特化して、互いにワインと綿織物を輸入した方が全体としての富の量が大きくなるのである。

私は計算より理論が得意である。学生は理論より計算力に優れている。だから私は理論に特化し、学生は計算に特化するのが両者にとって望ましいというわけである。94年以降、毎年5編以上の論文を量産できたのは、私のアイディアと英語力を学生諸君の計算能力と組み合わせたおかげである。

私は何故白川がこの戦略を採用しないのか不思議だった。そうしない理由があるとすれば、英語力に問題があるか、彼らの研究には計算による実証の必要がないかのいずれかである。

「折角みんないい論文を書いているのだから、少し手を加えてどこかに投稿してみたらどうですか。そうすれば君も論文の本数が稼げるし、学生も将来博士号を取る上でプラスになるでしょう」

「僕は学生を搾取するようなことはしません！」

「何も搾取だなんていうことはないでしょう。君が指導して完成させた論文なら、レッキとした共同研究じゃないですか」

「そういうことは、やりたい人がやればいいんです。でも僕はやりません！」

このような攻撃的な言葉を耳にするのは初めてだった。こんなことでは論文生産競争に負けてしまうと思ったが、相手はもう助手ではなく、独立した一人前の研究者である。一人前どころか、世界一流の仲間入りを果たしたのだ。「教授といえども指図するようなことはやめて下さい。僕は学生の力を借りるまでもなく、研究成果を挙げることが出来ます」と言っているのだ。

私は〝搾取〟というあからさまな言葉にショックを受けた。これを搾取と言えば、学生との共同研究は成立たない。世界中の大学で、工学系研究者が良い学生の獲得に血眼になっているのは、彼らとの協力の下でいい研究成果を挙げたいからだ。工学系の研究には（数値）実験がつきものだから、すべてを自分でやるのは効率が悪いのだ。

一方、数学の場合は基本的に理論オンリーだから、個人の能力ですべてをやるのが基本だ。筑波に移ってからの白川は、エンジニアより数学者との付き合いの方が多かった。楠岡グループ、ドーフマン・グループは極めつけの数学者集団だ。4年以上にわたって数学カルチャーに漬かった白川は、エンジニアではなく数学者になっていたのだ。

数年後、白川は数学者たちと決別し、エンジニアの世界に復帰するのであるが、0から1、1から0へと激しく振れる言動は、森教授が心配したとおり人々の誤解を招いた。学科の中で白川に理解を示したのは、かつての指導教官である森・古川両教授と私だけだった。きちんと仕事はこなしているのに、これほどまでに評判が悪いのは、あちこちで不用意な発言を繰り返していたためである。

人間の評価は対称な構造を持つものである。嫌われている側も、嫌っている人たちを嫌っていた。「経営（システム工学科）はやる気がない人たちの仲良しクラブだ」、「あんな古臭いことばかりやっていれば、早晩学科はつぶれる」等々。暫く聞かなかった過激な言葉が次々と飛び出したのはこの頃である。

ここでいよいよあの「大問題」について書かなくてはならない。94年はじめに引き受けた金融工学の教科書は、予定通り95年の2月に『理財工学Ⅰ：平均・分散モデルとその拡張』というタイトルで刊行された。

材料はすべて揃っていたので、原稿書きは順調に進んだ。全体で8章、166ページの本は1年もせずに仕上がったが、これは学生との契約、〝2週間ごとに1章ずつ原稿を渡し、それを翌週までにチェックしてもらう〟を忠実に守ったためである。東工大に移籍して以来、私は一度たりとも〝エンジニアは納期を守る〟という原則を破ったことはない。

さて問題は、この本の続編『理財工学Ⅱ』である。当初は白川1人で書いてもらうつもりでいたが、出版社は私との共著とすることを要求した。94年当時、白川の知名度はまだそれほど高くなかったし、納期を守る男を共著者に加えておけば、予定通りに仕上がると思ったためだろう。

ベルギーで1000時間かけて書くはずだった原稿は、帰国時点では影も形もなかった。しかし私は、「研究に集中していたので、本を書いている暇が取れませんでしたが、頭の中ではほとんど出来上がっていますので、秋までには仕上がる予定です」という言葉を信じた。期限を過ぎても原稿は出てこなかった。出版社は矢の催促である。本人に伝えても、「今やっています。もう少し待って下さい」と言うばかりだ。納期を守るエンジニアは苛立った。

「一体いつになったら出来上がるんですか?!」

「そんなにしつこく言わないで下さい。僕は先生のように、要領よく書くことは出来ないいんです」

確かに私は『理財工学Ⅰ』を出したあと、要領よく中公新書『カーマーカー特許とソフトウェア』なる本を、その年の暮れに出版している。白川から見れば、1年に2冊も本を書く男は、人文・社会群の売文屋と同じだった。

「僕は先生が昔書かれた『非線形計画法』を読んで感動しました。そして先生を心から尊敬しました。僕はあれに匹敵する本を書こうと思っているんです」

「そういえばあの本は2年以上掛かりました。それでも期限にそれほど遅れたわけじゃないんですよ。本屋さんも大変な状況なので、エンジニアとしては納期を守らなくてはならないんですよ。きっと読者から、まだ出ないかという問い合わせが来ているんでしょう。これまでずっともうすぐだと言ってごまかしてきたけど、もう少しだという証拠を見せて下さい」

更に3ヶ月待ったが何も出てこなかった。12月末、恒例の今野・白川研の忘年会が開かれた。酒が入った私は叫んだ。「エンジニアは納期を守れ!!」と。学生たちは、語気鋭く迫る老教授の迫力に驚いたようだ。そして白川も、遂にそれまでに書いた原稿を見せることに同意したのである。

年が明けて提出された原稿を見て、私は絶句した。それは数十ページに及ぶ、500本の数式の羅列だった。

「あとはこの式の間を埋める文章を書くだけです」

まず数式を書き、後で文章を埋める？　歌の世界には、歌詞が先でメロディーがあとの場合と、メロディーが先で歌詞があとの場合があるそうだが、本を書くに当たって数式が先というやり方は、私の理解を超えていた。学生時代の私は、目が不自由な大数学者ポントリャーギンが数式を口述し、助手がそれを板書する姿を見て驚愕したことがあるが、このときの驚きはそれ以来のものだった。

私は更にもう半年待った。しかし原稿は完成しなかった。既に約束の期限は1年半過ぎている。あそこまで出来ているのに仕上がらないということは、仕上げる気がないということだ。

一方私は、この年の7月に同じ出版社から、『実践　数理決定法』なる本を上梓した。この本は、社会理工学研究科の発足を記念して企画された「社会理工学シリーズ」全12冊の1巻である。

学部長業務や学会会長業務の合間に、6ヶ月ほどで書いたものなので、仕上がりが十分でないことはわかっていた。しかしシリーズの編集者としては、他の著者に範を示すべく締め切りを守らなくてはならない。

見本が刷り上がってきたところで、私は白川にこの本を献呈した。するとその2日後に次のようなメールがやって来た。

「今野先生
今日は今までいろいろ考えていたことを先生にお伝えするハイな気分になっています。前にもお話ししたとおり、『理財工学Ⅱ』は私が命懸けで書き上げつつあるものです。色々改訂を追加して、12月末頃に完成するのではないかと思います。

本の経済的価値は読者が認めるものだと思います。先生の本は読みやすく多くの方たちに受け入れられるものでしょう。しかしそれは私の目的ではないのです。私は世界に10年は通用する本を書くことを目標としています。日科技連出版社の方には私の方から説明させて頂きます。

いままで先生のためにできる限り協力するつもりでした。しかしもう限界です。私は数理ファイナンスを大切に育てたいのです。このような〝要領のいい本〟を書ける方から、自分の原稿についてあれこれコメントを受ける気にはなれないのです。

今頃になってこういうことを申し上げるのは、とても申し訳ないことだと思っています。

私は大学人生を悔いのないものにするために、『理財工学Ⅱ』を1人で出版させて頂きます。先生が大学人の心意気を理解して下さるならば、私の申し出がリーズナブルなものであると御理解頂けると思います。先生の寛大な御返事をお待ちしております」

〝要領がいい〞という表現にはあらためてカチンと来たが、言われても仕方がない部分もある。それに私は、白川が〝大切に育てようとしている〞「数理ファイナンス」には実績がないから、はじめから本の内容についてとやかく言うつもりはなかったのである。

何かあったとき、たとえば本が期限内に仕上がらなかったときに責任は取るが口出しはしない。これが私の方針だった。白川もそれはわかっていたはずだ。早く書けとプレッシャーをかけられてキレかけていたところに、あまりにも「要領のいい」本が送られてきて破裂したのだ。

こんな手紙を出さなくてもいいのに、させさて困った御仁よなと思いつつ次のような返事を出した。

「下記のメールの件了解しました。今後一切貴君の原稿については口出ししません。皆さんが待っているのでなるべく早く完成させて下さい。

しかし出版社との約束がありますので、私が『理財工学Ⅱ』を大急ぎで仕上げます。貴君の本を『理財工学Ⅲ』として出すか、それとも別の本屋さんから出すかは、そちらで判断して下さい」

この調子では、年末までに仕上がる可能性はまずない。約束の期限から2年以上遅れたら、かねて学生たちに「納期を守れ」と連呼している私の立場がなくなる。こうして私は大急ぎで執筆に取り掛かった（この本は2年半遅れて98年11月に出版されたが、3年前に出た広告の内容と全く違う内容に驚いた人も多かったようだ）。

あとで知ったことだが、白川はこの年の講義で、この本を秋までに書き終える予定だとアナウンスしたという。そして授業で原稿を配布し、それに従って講義を進めようとしたが、毎回、前回のプリントの修正に次ぐ修正が繰り返され、なかなか先に進まなかったそうだ。オリジナルな研究をもとにした内容だったため、細かいミスが見つかる。そこを修正している過程で、また新たなミスが見つかる。われわれはこれを無限ループと呼ぶ。私がプログラミングが嫌いなのは、しばしばこの無限ループに陥るからだ。

私も学生時代、似たような経験をしたことがある。大先生が昨日考えた定理の説明をするというので、わからないまま恭しく拝聴していると、翌週の講義で、「あれは全部間違っていたから、今日は正しい証明を行う」といってまたまた難解な話が続き、そのまた翌週に更に修正が入るという内容だった。

最先端理論の講義をすると、このようなことが起こるのだ。こんな講義に付き合わされる学生はたまったものではない。こうして学生たちは次々と脱落し、最後まで残ったのは50人中10人以下だった。これを聞きつけた先輩教授たちは、白川のパフォーマンスに疑惑を抱いた。この結果、学科内における白川の評判はますます悪くなったのである。

結局、白川の本は出版されずに終った。随分あとになって、私は講義で配布されたテキストを白川のホームページからダウンロードして読んでみたが、そこには数式の間を埋める文章がきちんと書かれていた。出版計画書にあった内容の60%程度は仕上がっていたのである。

12章　文理融合プロジェクトを立ち上げる

１２０年の歴史を持つ東工大は、古くから電気、機械、化学などの分野では、東大と拮抗する力を持っていた。また新領域である情報科学、生命科学の分野でも、全国でトップ級に位置づけられている。

しかしこれから先、エネルギーや環境などの複合的な問題を扱う上で、理系・文系の垣根を越えた総合的分析が不可欠となる。そこで、経営システム工学、社会工学という文系寄りの2学科と、人文・社会、教育等の文系グループを統合して新たな組織をつくり、文理融合研究で社会の要請に応えよう。これが、文部省に提出した新組織設立の要求理由である。

「文理融合」は60年代以来大流行した、「学際研究（様々な学問領域にまたがる研究）」の基本アプローチである。しかし私が知る限り、「文理融合」研究がうまくいったケースは少ない。巨額の研究資金を投入して一流の研究者を集めてみても、結局は個別分野プラス・アルファの切り貼り研究で終わることが多いのだ。

研究者は、それぞれ自分の専門分野に深くコミットしている。しかし異なる専門分野の人との共同研究にあたっては、原理原則を曲げなくてはならないこともある。ところが原則を曲げてまとめた研究成果は、専門家の間では批判されることはあっても、評価されることはない。

巨象を分析対象とする異なる専門の研究者は、それぞれ専門知識を使って鼻と足と尻尾の研究を続けようとする。中には、鼻と足の研究を組み合わせる人がいるかもしれない。しかし一旦専門を捨てない限り、象の全体像を捉えることは出来ないのである。

しかし学際研究の取りまとめ役は、自ら失敗を認めるわけにはいかない。巨額の研究費を費やしたものであればなおさらである。実際にはうまくいかなかった研究を、うまくいったことにするにはどうするか。それは、関係者が口をそろえてうまくいったと叫び、大量の報告書で目眩《めくらま》しすることだ（これには沢山の例がある）。

スポンサーが営利企業であれば、このようなごまかしはきかない。しかし国が資金を提供した研究の場合、うまくいったことにする〝操作〟はそれほど難しくない。なぜならお金を出した側（役人）は、成果を評価する能力も時間もない。そこで第三者に評価を委託することになるのだが、一流の研究者が名を連ねている報告書を第三者が軽々に批判するのはリスキーだ。１０００ページを超える報告書を詳しく読む時間がないし、研究資金を出した側は、成果が上がろうと上がるまいとそもそも構わないと思っているのだから、否定的な評価を下しても誰の得にもならないのである（結局損をするのは、税金を払った国民である）。

膨大な報告書を書き、盛大な成果発表会をやれば、当座を取り繕うことは可能だ。そして1年もすれば、誰もこの研究のことを思い出さなくなる。

そうは言っても役人もバカではない。何十回も繰返された文理融合の学際プロジェクトは、とうの昔に信用を失っていた。

東工大が文理融合で新展開を図るという趣旨の書類を提出したとき、文部省は何を考えただろうか。経験のある役人は、またかと思ったに違いない。しかし中には、〃東工大なら何か新機軸を打ち出してくるだろう〃と考える人がいたかもしれない。何故なら戦後50年間、東工大が文部省との約束を守らなかったことは、たった1度しかなかったからである（残念ながらそれが何かをここで書くわけにはいかない）。東工大は言ったことは実行し、必ず成功させてきた大学だ。だから今度も成功するかもしれない——。

実のところをいえば、新大学院設立ははじめから出来レースだった。現有組織の組み換えだから、大してお金がかかる話ではない。だから東工大が一応もっともな提案をしてきたら、何でも受け入れることになっていたのだ。

この大学では、学長をはじめ学部長はすべて理工系の研究者だから、「文」の素養はあまりない。中には、何もしらないが故に期待を抱いた人もいた。しかし1度でも文理融合プロジェクトに関与したことがある人は、その空しさをよく知っていた。

新設された社会理工学研究科の研究科長に選ばれた私は、早速、総合理工学研究科長からキツイ一発を頂戴した。

「いまごろ文理融合で何をやるつもりなの？　あなたも知っているでしょう。あの人達がどんな人かということを」

あの人達というのは、研究科の約3分の1を占める文系の人達である。東工大は都心まで30分と立地条件が良く、文系教官を優遇する大学である。だから人文・社会群には強力な一匹狼たちがやってきて、華麗な活動を展開した。しかし彼らの活動の舞台は、もっぱら学外だった。

テレビや新聞に頻繁に登場し、政府委員を務める人たちは、東工大の名を世に知らしめる上で大きな力になった。しかしこの人達は、大学のために働いていたわけではない。個人としての活動が、たまたま大学の役に立っただけに過ぎない。彼らは大学に恩義を感じているが、自分の時間を犠牲にしてまで、組織に奉仕しようと思う人はほとんどいない。したがって、これらの人に向かって、新組織のために働けと言っても効果はないのだ。

しかし文部省は甘くなかった。一般教育教官を2階級特進させてやった以上は、大学院教育はもちろんのこと、実のある文理融合研究で成果を挙げ、約束を果たすように学長にネジを巻いたのである。まかれたネジは効き目があった。社会理工学研究科長に対して、「世間をアッといわせる新機軸を提案せよ」という特命が下るのである。

私は研究科設立趣意書を読んで、こんな作文で通るだろうかと訝ったが、もし通すならそれは文部省の責任だと高をくくっていた。その頃は、新組織の責任者に選ばれるとは思っていなかったからである。

学長の要求は文部省の要求だった。月1回、昼食を取りながら開かれる部局長懇談会で、学部長達も口を揃えて社会理工学研究科長を〝激励〟してくれた。この結果私は、新機軸を発明しなくてはならない立場に追い込まれた。

失敗してもいいのであれば、計画だけ立てて全員に前に出ろと号令をかけておけばそれでいい。ところが大学という組織で新構想を成功させるためには、提案者自身が前に出なくてはならない。

ここで思い出したのが、80年代のバブルのさなかに書いた、「理財工学科」設立構想だった。ファイナンスのイロハも知らずに、〝高給と都心のクリーンなオフィス〟という甘言に惑わされて、金融機関に就職する学生達の将来を案じた私は、この分野の専門家を育成する学科を作ることによって、日本の金融機関の再生に貢献すると共に、金融機関への安易な就職を防ぐことが出来ると考えたのだ。

しかしこの構想が実現する見込みは全くなかった。私はまだ若輩だったし、金融機関は理工系大学の敵だったからだ。それでも私は「理財工学科設立趣意書」を書き、「超」整理棚に納めた。

8年後のいま状況は変わった。金融機関はますます危機的状況に陥り、技術力アップは焦《しょう》眉《び》の急である。また過去10年の間に、多くの技術者が金融工学に参入してレベルの高い研究成果をあげ、世界的に注目される存在となった。今野・白川コンビは8年間で30編の論文を書き、国内だけでなく国際的にも認知されるようになった。優秀な人材を呼び込めば、十分に成功する見込みがある。私は「超」整理棚から「理財工学科構想」を取り出し、これを実現するなら今しかないと考えた。

残念なことに、竹下内閣の閣議決定により、23区内にある大学では、学部定員の拡充は認められないことになっていた（東京への一極集中を防ぐために講じられた措置であるが、これによって国民が蒙った損害は測りしれない）。そこでまずは小規模な「研究センター」を設立し、5年か10年後をメドに大学院「理財工学専攻」に看板替えする——。

こうして私は、97年はじめに「理財工学研究センター」設立構想をまとめた。A4で15枚の文章は、自分で言うのもおこがましいが、極めて説得力のあるものだった（これは後に、京大の金融工学研究センター設立申請の手本となった）。私は独断でこれを概算要求にのせた。誰にも相談しなかったのは、どうせ通るはずはないと思ったからである。仮に通ったとしたら、「学長命令で何か作文せよといわれたので、大急ぎで書類を作ったところたまたま通ってしまった」といえばそれまでだ。大学という世界では良く起こることである。

金融機関は東工大の敵である。それに製造業第一のエンジニアたちは、依然としてお金の研究は学問ではないと思っているから、こんなものが執行部の支援を受けることはありえない――。

しかし提案書を受け取った木村孟学長は、予想に反してこのプランに極めて好意的だった。文系ネットワークに広いつながりを持つこの人は、金融機関の実態と東工大グループの活躍を知っていたのである。

うまく話を持っていけば文部省も乗ってくるかもしれないし、世間に注目されることは間違いない。問題は学内である。かねてからの懸案である「フロンティア創造共同研究センター」と「大学院生命理工学研究科」の設立要求は絶対に動かせない。また突然これを3位にランクすれば、順番待ちしていた人たちの不興を買う。概算要求は学長の（ただ1つの）専権事項だとは言いながら、これで大学の中心勢力を敵に廻すのは賢明ではない。

こうしてこの年は、「理財工学研究センター」構想は〝頭出し〟に止めることになった。〝頭出し〟というのは、正式の概算要求にはのせないが、将来こんなことをやりたいということを、文部省に非公式に伝えておくことをいう。

学長の励ましは有難かったが、この構想はオクラ入りの運命だった。木村学長の任期は10月で終わる。次の学長はどんな人かわからない。木村学長のように感度の高い人は滅多にいない。もし次の学長が、ハード・コア・エンジニアであれば、このプランが取り上げられることは絶対にありえない。

しかし私は別段落胆しなかった。うまく行かなくてもともとだと思っていたからだ。研究科会議で、「学長の要請に応えてセンター設立を要求しましたが、通りませんでした」という簡単な説明を行ったが、詳細について尋ねる人はいなかった。

ところがここに神風が吹いた。11月に新学長に就任した内藤喜之教授が、この計画に関心を示してくれたのだ。学長が乗り気だったのは、6年間の木村時代に次々と要求が通り、これといった懸案事項がなくなっていたためである。

攻めの東工大は、常に何か新しいことにチャレンジする必要がある。木村学長の懐刀と呼ばれた事務局長から、「理財工学研究センター」についてレクチャーを受けた新学長は、これならいけると考えた。

幸運だったのは、この人は高校時代以来の親友が大手証券会社の副社長を務めていた関係で、エンジニアには珍しく、金融機関に親近感を持っていたことである。

幸運が重なって、死んだはずの息子が息を吹き返した。これを知って父親は動揺した。経営システム工学科の認知を受けていなかったからである。それどころか、私は盟友の白川にさえ、詳しいことは話していなかったのだ。忙しい人を相手に、通る見込みのないプランを説明しても時間の無駄だと考えたためである。

しかし学長が本気である上に、事務局長もそれを後押ししているとなると、早急に関係者に根回ししなくてはならない。最初はもちろん白川だ。

センターが設立されるとすれば、最も早くて翌1999年の4月だが、2年後の2001

年3月で私は停年になる。外部から大物を連れてくるとしても、私がいなくなったあとセンターを支えていくのは白川だ。だからこの人がノーといえば、今のうちに計画を引込めておいた方が賢明である。

「去年ちょっと話したセンターのことだけどね。もしかすると、今年の概算要求で通してもらえるかもしれないので、相談に乗ってもらえませんか」

「へェー。出来るんですか。駄目だって話だったじゃないですか」

「それがまあ神風っていうんでしょうかね。昨年学長になった内藤先生が気に入って下さって、本気で考えてみるよう指示が出たんです。部局長の中にも、日経の特集記事やNHKの番組を見て、エンジニアが金融に参戦する必要があるということに理解を示す人が増えてきたんです。もちろん少数ですが、重要なのは大学の中枢にいる人の認識が変わったということです」

「NHKの番組は学生からビデオを借りて見ましたが、日経の特集ってどんなのですか？」

「君は日経を読んでいないんですか？」

「あんな業界新聞なんか読んでいたら、バカになっちゃいますよ」

「さすが面白いことを言いますね。でも元日から1ヶ月にわたって連載された記事のインパクトは大きかったですよ。これでもかこれでもかと金融敗戦について書いた上で、これからは金融工学の時代だと持ち上げてくれたんです」

「——」

「そこでこのセンターですが、僕は専任スタッフ8人を要求しようと思っています。8人いればいろんなことがやれるでしょう。MITやスタンフォードなどには及ばないけれど、工学的研究に的を絞れば、チューリヒのETH（スイス連邦工科大学）以上のものが出来るでしょう。興銀の刈屋（武昭）先生、都立大の木島さん、IBMの手塚（集）さん、それにもう何人か連れて来れば、いい線いくはず。でも一番大事なのは、君がどう思うかということです。僕はもう3年かそこらで停年になるから、このセンターの中心人物は君です。そこで、忌憚《きたん》のない意見を聞かせて下さい」

「センターができたら、僕はそこに骨を埋めるつもりで働きます。経営でやるより、断然こっちの方がいいです。でも木島先生はどうかなあ」

「彼も昔はきついことを言ったでしょうが、あれこれあって随分丸くなりましたよ」

「……」

木島はこの分野に参入してから論文を量産し、優秀な学生を育てていた。木島・白川がコンビを組めば、凄いことが出来るはずだ。しかし白川は、それはやめてほしいと言っているのだ。

13章　もう、うんざりなんです

一時は、父と子のように親密な関係にあったわれわれ2人の間には、軋《きし》みが生じていた。白川が私や木島などのエンジニアから距離をおき、数学者に接近するようになってから、私は若干の違和感を覚えはじめていた。そしてドーフマン教授が頻繁に東京を訪れ、東京工業大学助教授をトラベル・エージェントのように扱い、白川が〝理不尽〟な要求に応えているのを見て、この違和感は一段と強くなった。

私は『理財工学Ⅱ』が完成しないのは、この人のせいではないかと疑っていたが、このときのやり取りから、私は〝バケモノ〟の座からすべり落ちたことを知った。

忙し過ぎる白川は、学科の幹事として時折ミスを犯した。私には大した問題とは思われなかったが、先輩達はこれを容認しなかった。この程度のことで集中砲火を浴びるのは何故なのか。もしかすると、日頃学生たちを相手に、過激な言葉で教授達の保守的なスタンスを批判しているのが、当人たちに伝わったのかもしれない。

教授の地位を得た人達は、大過なくやっていれば停年まで安泰である。また学内・学外の様々な仕事を引き受けているから、新しい事をやりたくても時間が足りない。

しかし、そんなことでは時代の流れに取り残されてしまう。才能があるのに、何故彼らは新しいことに取り組まないのか。常に前進を心がける白川は、これが不満だったのだ。ところがこれが、「教授達の研究は時代遅れだ」、「このままでは、いずれ経営システム工学科は消滅する」という言葉で伝わると、言われた側はカチンと来る。「助教授に取り立ててやったのに、生意気な奴だ」、「国際的に評価され、研究科長の庇護《ひご》があると思って跳ね上がっている」。こうして白川は、陰に陽に批判されることになったのだ。

それが頂点に達したのは、古川教授の退官送別会が開かれたときである。合理主義者の白川は、この種の会合が嫌いだった。ほとんどの教官は同じ学科の先輩で、いつも自分を批判している人達である。行ってもどうせ碌なことにはならない。そもそもこの人は酒を飲まないから、酒臭いオジサンたちと一夜を過ごすことなど、マッピラ御免なのである。白川は参加を断った。そしてこれが、白川批判の炎を燃え上がらせることになるのである。このあたりは大学も企業と全く変わらない。

古川教授は白川のかつての指導教官であり、しかも東工大に呼び戻してくれた恩人である。東工大工学部では、自分を招いてくれた先輩には、一生敬意を表わし続けるのが礼儀である。東工大OBにとって、出身学科に呼び戻してもらうのは最高の名誉だからである。しかし先にも書いた通り、白川はここに戻ることには乗り気でなかった。われわれが守るから心配するなと口説かれて、しぶしぶやってきたのだ。そして本人の心配通り、兄弟子たちにあれこれ干渉された。

白川の不参加回答に激怒したのが、実力者丸山教授である。長幼の序を重んずる「ラグビー部」で、こんなルール破りが許されるはずがない。呼び出された白川は本音を言った。

「僕は忙しいんです」

「それはわかっている。しかし君は古川さんにはお世話になったはずだ。君が来なかったら、古川さんの顔がつぶれるだろう」

「でも古川先生は僕を嫌っています。僕も先生を尊敬していません」

「なんだと！　お世話になった先生に向かって失礼じゃないか。そんな奴は俺が許さない。何があっても絶対に出て来い」

丸山教授の剣幕に押された白川は、会場となった熱海にやってきた。そして、酔った丸山教授に絡まれた。

「お前は一体何を考えているんだ。欠席しようなんてトンデモない奴だ」

「まあまあ」と隣に坐ったM教授がとりなした。すると丸山教授が
「何だお前、白川の肩を持つ気か」と気色ばむ。

「そういうわけじゃないけど、来たんだからいいじゃないですか」

「俺は白川の根性が気に入らないと言っているんだ。お前も後輩のくせに、先輩に意見する

なんてけしからん」

「先輩、先輩というけど、あなたは後輩の面倒を見ないじゃないですか。あんまり偉そうなことを言わないで下さい」と、M教授がカウンターを出した。これで一層機嫌を悪くした丸山教授の矛先は、再び白川に向かった。

「お前、今までのように甘えていたら俺が許さないからな。38にもなって何なんだ。まるで子供じゃないか」

「僕は甘えてなんかいません。本気で経営のために頑張っているんです。しかし皆さんは過去の名声におんぶして、本気で研究していない。そういいたいんです」

「それはもっともな意見だ。しかしそれは、やるべきことをやってから言う言葉だ。お前はイイカゲンにやってるから、ミスばかりしているじゃないか」

「僕は忙しいんです。それにあまり体調も良くないので、ついふわっと……」

「まあ。これからは気をつけるんだな」

時間は12時を廻っていた。飲み過ぎて眼が廻っていたし、翌朝は10時から会議があるからもう寝た方がいい。それぞれ言いたいことを言いあったから、もうそろそろ終わりだろう。こう思って私は席を立った。

翌朝私は、まだ皆が眠っているうちに宿を抜け出し、東京に戻った。雑用を片付け、10時からの会議に出て、昼前にオフィスに戻ったところ、白川が待っていた。

「辞表を持ってきました」

「辞表?」

「丸山先生から、お前のような奴は大学を辞めろ、と言われました」

「あの人は、酔うとすぐそういうことを言うんですよ。いつも先輩教授たちから言われ続けてきたから、癖になっているんですよ。酔っ払いの言うことなんか、本気にすることはないんですよ。今頃はもうケロッと忘れているでしょう」

「でも僕は朝4時まで、3人の先生から辞めろと言われ続けたんです。僕はもうこんなところにいたくありません」

「あのあと4時間もやったんですか! 一体何の話をしていたか知らないけど、みんな大酒飲んで、何が何だかわからなくなっていたんでしょう。僕が寝たときもう眼が据《す》わっていたから、正気の発言じゃないですよ。ともかくその辞表は引っ込めて下さい」

「――」

「あとで僕が丸山さんに話します。君にやめられたら僕が困るから必ず守りますよ。これまでいろいろあって、君とはやや疎遠になっていたけど、僕を信頼して下さい」

その後間もなく白川は丸山教授に詫びを入れ、丸山教授もこれを受け入れた。しかしこのとき白川は、経営システム工学科に見切りをつけたのだ。

「お願いします。絶対にセンターを作って下さい。そのためならどんなお手伝いでもします」

「君は健康面で問題を抱えているから、なるべく負担が掛からないようにしたいけれど、頼れるのは君だけだから、楽な仕事にはならないでしょう」

「このまま経営で暮らすよりましです。僕はセンターのために頑張ります」

「わかりました。じゃあやりましょう」

「ここ数年、僕は数学の人たちと付き合ってきましたが、もうやめにしました。楠岡先生以外は空理空論で遊んでいるんです。僕は、世の中の役に立つことをやりたいんです」

「役に立つことの背景には、理論がなくてはいけない。そうでないと長続きしません。だから僕は、数学者の研究には一目おいています。今は役に立たなくても、いつか役に立つ可能性があるからです。それは、これまでの数学の歴史を見ればわかります。伊藤積分がいい見本です。はじめのうちは誰も見向きもしなかったけど、今こうして役に立っているわけです。だから数学者と付き合ったことは、いつか必ず役に立つはずです。君がエンジニアの世界に戻ってくると聞いて、僕はとても嬉しい。しかしこれまで培ったものを捨てるようなことはしないで下さい。数学者とは違う立場から、美しい理論の現実への応用を考えればいいのではないですか」

「センターが出来たら、世間をあっといわせるプロジェクトを立ち上げます」

「それはいいけれど、プロジェクトをやっても業績にはなりませんよ。研究者は論文が第一なんです。プロジェクトは大事だけど、せめて50－50で研究にも時間を取って下さい。ところで、ドーフマンさんと書いた論文はどうなったの？」

「先生が忙しいので、あのままになっています」

「まだどこにも投稿してないんですか？」

「細かいところで少し問題があるのと、英語がイマイチだから自分で手を入れるといってくださったんですが、それっきりなんです」

「それはひどいじゃないですか。そんなことは、2、3日もあれば出来る仕事ですよ。書くだけ書かせておいて何もしないなんて、詐欺みたいな話だよ。大体あの人は、君をトラベル・エージェントみたいにこき使って、ひどいやつだと思っていたんですよ」

「先生もそう思われますか。実は僕ももううんざりなんです。先生、センターが出来たら、バカな奴らのことは忘れてガンガンやりましょう。それはそうと、まだ御報告していませんでしたが、今度結婚することになりました」

「それはスゴイ！　相手はいつも研究会に出ているあの人でしょう」

「そうです。カンがいいですね」

　実は私は研究会のあと、この2人が親密に話をしている場面に何回か出くわしている。もちろん話の内容は数理ファイナンスに関する事だが、それにしては距離の置き方が近過ぎるのではないか、とカンの鋭いオジサンは思っていたのである。

「先生、是非センターを作って下さい。僕はフィアンセのためにも頑張るつもりです」

こうしてわれわれは、本格的にセンター設立に向けて動き出すことになったのである。

14章　生みの苦しみ

学長・事務局の了解は得られたが、実現までにはいくつものハードルがあった。まず第1は、経営システム工学科との関係をどうするかという大問題である。

この学科には、古くから経営財務を扱う講座があり、学生に対して財務諸表が読める程度の知識を教えてきたが、中心課題は製造業における生産・流通の研究だから、金融・財務を扱うセンターに関心を示す人は少数だった。その上、これを推進しているのは、外様の今野と異端児白川だ。自分たちが選んだ研究科長の顔をつぶすわけには行かないから、反対はしない。しかし積極的に協力もしない。これが学科の大勢だった。

一方の私は、このプロジェクトが文部省─学長の要請に応えるだけでなく、経営システム工学科の将来にとって重要な役割を果たすものになると信じていた。そこで私は教授達に対して、支持を訴える文書を作った。このセンターは経営システム工学科を母体とする「大学院先端商技術研究科」、もしくは「先端商技術研究所」を設立する第一歩となるものである。この組織が出来れば、長年のライバルである一橋大学に水をあけ、21世紀の理工系大学の1

つの手本を示すことが出来る――。

この提案は、古参教授達から一定の理解を得た。そしてセンター設立の暁には、経営がセンターを支援すること、またセンター教官は経営の教育活動に協力することが了承されたのである。

古川教授は間もなく停年になる。私も森教授もそう長いことはない。しかしエースの丸山教授はまだ40代だから、この人の支持があれば10年は安泰である。丸山教授が白川に理解を示すようになったのは、午前4時まで正論を吐き続けて以来のことである。一方の白川は、経営システム工学科を見限ってはいたが、丸山教授とは友好的に付き合っていた（後にこの人は白川にとって「神様」となる）。

経営からの支援が得られることは決まったが、もう1つの大問題は大学の事務局である。彼らは木村・内藤両学長の支援がある提案に理解を示してくれたが、8人の人員要求にはけんもホロロだった。学内から何人か定員をまわすにしても、このセンターは5名が限度だという。

一方私は、大蔵省でただ1人金融工学がわかると言われている高官から、次のような激励を得ていた。「理工系大学の金融への参入は焦眉の急だ。文部省が8名を要求してくれれば、満額回答を与えるよう努力しよう」

しかし私はこれを学内で口にすることは出来なかった。文部省から見れば、本省の係長程度の存在に過ぎない一教授が、大蔵省高官と交渉して内諾を得たなどということがわかると、通る話も通らなくなるからである。文部省に太いパイプを持つ木村学長であれば、何か手を打てるかもしれないが、現学長を飛ばして前学長と交渉すれば、これまたややこしいことになりかねない。

そこで私は戦線を縮小し、要求人員を8名から5名に減らした。白川は最低でも6名は必要だと主張したが、そうもいってはいられない事情が発生したからだ。東大の「先端科学技術研究センター」が、ほとんど同じコンセプトのセンター設立を要求することになったからである。

強敵の出現に緊張が走った。何が何でも東大にだけは負けたくない。この際手堅い要求をまとめ、絶対に設立を認めてもらおう。これが事務局長の意見だった。

やむを得ず私は、「小さく生んで大きく育てる、という言葉もあるじゃないですか。ここは5人要求して4人通れば御の字ですよ」という事務局長の説得を受け入れた。4人では当初計画の半分である。しかし金融ビジネス再興のため、そして多くの金融技術者のため、耐えがたきを耐えなくてはならない。

「4人のセンター」といえば、読者は4人分の新規定員がつくとお考えだろう。しかし文部省によれば、公務員の定員が削減される中、大蔵省は新規定員要求をほとんど認めてくれない。「4人のうちの3人を学内の定員から融通すれば、1人分の新規定員を認めてくれるかもしれない。1人増やしてもらうだけでも大成功」なのだそうだ。

学長は、融通定員見直しの際に浮いた定員1人を廻して下さると言っていたから、（当初考えていたとおり）新規定員が2人であれば学内から融通するのは1名で済むはずだった。1名なら、経営と交渉すれば何とかなる。しかしもう1人はどうするのか。

「学長は経営から1名、そしてもう1人は、お膝元の電気グループから出してもらうよう交渉したらどうかと言っていました」という事務局長の言葉に私は絶句した。「金融工学は学問ではない」と批判している電気グループと交渉しても、譲歩してもらえる見込みはない。教官定員は学科にとっては領土問題だ。どうすれば、電気に領土を譲ってもらうことが出来るのか？　これは尖閣列島をめぐる台湾との交渉より厄介だ。

それよりまずは経営との交渉が先だ。私は、〝今野・白川・鈴木の理財工学講座の助手ポストをセンターに割譲する〟という案を提案した。鈴木助手はまもなく東北大に移籍することになっていたから、生首は切らずに済む。理財工学講座は当面助手のいない組織となるが、数年後には助手ポストが戻る可能性は十分にある。

優秀な助手は、3年程度でどこかの大学の助教授ポストに転出するから、5人の助手のうち毎年1人か2人は空きが出来る。だからこの空きポストを順繰りに回して使えば、空席になっても1年後には助手を採用することが出来る。学科としては、1人供出しても実質的に大きな被害は出ないはずだ。

しかし教授達の反応は思ったより厳しかった。助手1名の供出は1講座の問題ではなく、学科全体の問題だというのだ。助手ポスト放出に対する見返りは何か？　センター教官が経営の教育を負担する、という程度で済む話ではなかった。結局私は理財工学講座を、永久に助手のいない講座とするという条件を呑まされた。私自身はあと2年で停年だから影響は少ないが、後任の教授はこの取引に応じた私を恨むだろう。

次はいよいよ電気グループの教授10名との〝対決〟である。予想されたとおり、第1回目の会議では反対意見が噴出した。最も強硬だったのは、内藤学長の下で助教授を務めていたF教授だった。2回目、3回目もこれの繰り返しだった。しかし4回目からムードが変わった。

「学長が支援している以上、われわれもそれを考慮しなくてはいけないのではないか」という長老教授の言葉を受けて、学長の懐刀である森山教授が次のような提案を行った。

「部局長の大半もこのプランを支持している。もしここで電気が拒否し続ければ、電気のせいで流れたといわれるだろう。そこで助教授ポストを1つセンターに出す。ただしそのポストの人事権はわれわれが持つ。これで手を打ってはどうだろう。これなら実質的に電気のポストが減るわけではないし、学長に協力したことになる」

形だけ協力して、実際には何もしないということである。老獪《ろうかい》な電気集団は、最初からこれで収拾を図るつもりだったのだ。これでは、金融工学の専門家は実質的に2人だけになる。

当初の8人に比べると4分の1の規模だ。しかし、文部省への書類提出期限が2週間後に迫った今となっては、これを呑むしかない。

6人が5人、5人が4人に減らされたとき、私は「小さく生んで大きく育てる」という事務局長の言葉を借りて、白川を説得した。「10年といわず5年目には、実績を背景に定員増を要求すればよい」と。しかし実質2人となった以上は、白川に経営に残留してもらってセンター兼務とし、2人のポストを新人にあてるしかない。これに対して白川は言った。

「僕は絶対にセンターに移ります」

「そうか、それでは仕方ない。僕はこれまで2人分働くつもりでいたけど、こうなった以上3人分働かないとダメだろうね。でもまだ文部省がノーというかもしれないし、その先に大蔵省もあるからどうなるかわからないけどね」

1998年6月、今野、古川、白川の3人は、事務官3名と共に文部省のヒヤリングに臨んだ。われわれの努力を多とした事務局は、とりあえず5人のポスト（新規ポスト2）の要求を提出することに同意してくれた。狭い待合室には、同じようにヒヤリングに呼ばれた10人ほどの地方国立大学の関係者が詰め掛けていた。

約束の時間に5分遅れて呼び出しがかかった。相手は、ノンキャリアの中では文部省一の切れ者といわれるK氏である。通された部屋は会議室ではなく、ラーメン200円、定食300円の食堂だった。隣のテーブルで、他大学グループのヒヤリングが開かれていたが、誠に格調の低いセッティングだ。

「東工大理財工学研究センター」と「東大先端経済工学研究センター」が、金融工学を目玉に設立要求をぶつけ合っていた。昨年は「フロンティア創造共同研究センター」で、東工大と東北大がバッティングした。通常文部省は、同じ趣旨の要求の両方に予算をつけることはない。昨年は、木村孟、西沢潤一両大物の顔を立てるため両者合格となったが、今回の東大・吉川弘之対東工大・内藤喜之の戦いは、明らかに東大有利である。頼みの綱は国大協の会長を務めた木村前学長であるが、この人の力がどこまで及ぶか不明だ。

私の説明に対するK係長の質問は苛烈なものだった。〝東工大と金融〟。金融機関と金融工学の現状を知らない人にとっては、完全なミスマッチである。文部省は金融イコール経済の世界だと考えているのだ。

「何故このような厳しい財政状況の中で、東工大がいま金融などに参入しなくてはならないのか?」。「たった5人のセンターで、日本の金融を建て直すなんてことができますかね」。繰り返される意地の悪い質問に、私は様々な事実を紹介しながら答え続けた。材料は十分に用意してあったが、クーラーがきかない食堂の蒸し暑さに体力を消耗し、次第に力が抜けていくのがわかった。

90分後、私は通る見込みはないと観念した。白川も完全に打ちひしがれていた。事務官と別れたわれわれは、虎ノ門駅で地下鉄に乗るまで無言だった。車内の冷房を寒いと感じた私は、背広の背中がぐしょぬれであることに気づいた。1時間半の激闘の間に、汗が背広までしみ出していたのである。

翌日事務局から呼び出された私は、悪い知らせを受けるものと覚悟した。しかし案に相違して、役所の感触は悪くなかったという。

「3人のポストを融通するということで、東工大の熱意が伝わったようです。新規定員1を加えた4人の要求なら認めてもらえそうです」。事務局が言ったとおり、最初からここが落としどころだったのだ。

しかし東大問題があるから、油断は出来ない。そこで私は様々なつてを頼って、大蔵省のドン、金融監督庁高官、東工大OBの政治家、通産省高官などに対して根回しを行った。こうしてこの年の12月に、センター設立は大蔵省の予算原案に盛り込まれ、正式なゴーサインが出たのである。

丸山教授は、白川のセンター移籍に最後まで反対した。かけがえのない人材に移籍されると、経営システム工学科が弱体化するから思い止まってほしいというのだ。しかし白川の決意は変わらなかった。

さて白川とともにセンターの顔となる人物として誰を連れてくるか。本来であれば木島正明氏を呼ぶところだが、いくら実力者とはいえ、白川が難色を示す人を連れてきてもうまくいくはずはない。木島がだめなら東大出身のT氏はどうか。間接的に打診してもらったところ、本人はあまり関心を示さなかった。既にライバルの「東大先端経済工学研究センター」から話が来ていたのだ。次に狙った50代の大物は、逆に私を東工大から引き抜こうとするしたたか者だった。

この分野には50代の人材が払底している。そこで私は、白川に有力な若手研究者を推薦してもらうことにした。この人の知り合いの中にも、1人くらいはまともな人がいるだろう。

ここで出てきたのが、IBM東京基礎研究所に勤める二宮祥一氏だった。数学出身と聞いて少々ためらったが、企業に勤めているだけあって、研究内容は実務寄りで理論と応用の両刀使いのようである。実際、この人が作ったデリバティブ価格計算のためのソフトウェアは、IBMに1億円以上の収益をもたらしたという。

白川に連れられてやってきた二宮氏と数分言葉を交わす中、私はこの人が白川が言うとおりの優れものであることを見抜いた。かつて吉田夏彦教授は言っていた。「おかしな奴が連れてきたからといって、おかしな奴とは限らない」と。東京の名門高校出身で、東大で優秀な友人たちと切磋琢磨したこの人は、標準的数学者並みには変わっていたが、白川のような奇人ではなかった。

15章　革命的プロジェクト

東京工業大学と東京大学から提出された、〝瓜二つ〟の構想が認められたのは、極めて異例のことである。本来ならありえないことが起こったのは、必ずしも文部省がこの分野を重視したからではない。

東工大が10年以上にわたって実績を積んできたのに対して、東大はゼロからの出発だから、東大を通して東工大を落せば見識を問われる。一方東工大を通せば、大学の格からいって東大を落すわけにはいかない。選択肢は両方通すか両方落すかだ。経済界の意向やジャーナリズムの論調を考えれば、ここは両方通すしかない——。

文部省の異例の措置によって、ジャーナリズムは沸騰した。それまでの経験では、1時間インタビューを受けても、記事になるのは数行程度に過ぎなかったが、今回は2時間のインタビューで雑誌2ページ、新聞1ページという事もあった。金融情報に明るいメディアは、東工大を東大より大きく取り上げてくれたが、一般紙の扱いは東大が上だった。

センターは10年の時限組織だから、5年目に中間チェックが入る。ここでAAAの評価を受ければ、10年後の存続は保証される。一方A以下ならば、1期で廃止ということもありうる。つまり最初の数年が勝負ということだ。

われわれの目標は、はじめの3年で目覚しい実績を挙げ、6年目に2名、11年目には更に2名の定員を獲得し、当初計画した8名の組織を作ることだった。8人いれば、世界に誇る研究拠点ができ上がるはずだ。

そこで私は、資産運用に関わる産学連携プロジェクトを立ち上げ、2年間で10編の論文を書く計画を立てた。他のメンバーが1年に2編ずつ書いてくれれば、合計で20編を超える。質はともかく、これだけ書けば文部省に対する目眩しになる。

一方学長サイドからすれば、これだけで十分とはいえない。実験系の分野、たとえば化学やバイオでは、毎年10編の論文を書く人もいる。大学がわれわれに最も期待しているのは、ジャーナリズムに取上げられることなのである。

人文・社会群で過ごした12年間、私は文系教官が優遇されているのは、江藤淳、永井陽之助教授らが、東工大教授の肩書きでテレビや新聞・雑誌に登場して、大学のイメージ・アップに貢献しているためだと思っていた。そして学部長になって、それが事実であることを知った。

だから私は、新聞・雑誌・テレビなどあらゆるメディアの取材・執筆要求に応じた。センター長在任中の2年で、10編の雑誌記事と1冊の新書を書き、2ダース以上のインタビュー記事に登場した。一方の白川は、年4200時間のペースで国家再生を目指すプロジェクトに取組み、時代の寵児となった。

センター設立の1ヶ月前、このプロジェクトの計画書を見せられたとき、私はその壮大さに魂を奪われた。インターネット上のオークションで、一般の投資家が（優良な）中小企業に直接融資するための、「インターネット・ファイナンス・システム」構想である。

バブル期の放漫経営によって生み出された不良債権に喘ぐ銀行は、中小企業から「貸し剝《は》がし」と呼ばれる苛酷な取立てを行っていた。一方一般国民は、銀行救済のための低金利政策で、0・01％程度の預金金利に泣かされていた。もし4％の収益が得られるなら、相手が中小企業であっても、優良企業であればお金を貸したいと思う人はいくらもいる。企業にしても、4～5％で貸してもらえるなら万歳である。

ではこのようなことが出来ないのはなぜか。それは銀行が企業に関する情報を一手に握り、個人には情報が提供されていないためである。これを専門用語で、「情報の非対称性」という。「銀行は情報の非対称性を利用して、不当な利益を貪っている」。これが10年来、白川が銀行を糾弾してやまない最大の理由だった。

インターネット・ファイナンス・プロジェクトは、情報の非対称性を打ち破ろうとする画期的な試みである。中小企業が抱える倒産リスクを高速に推計し、そのリスクに見合う適切な金利水準（ベンチマーク）を開示する。個人はこれを手掛かりに、ネット上の企業とのオークションで融資を引受けるというシステムである。

このシステムが実現すれば、優良な中小企業に資金が廻り、日本の産業再生につながる。また個人も適正なリスクを負担することにより、それに見合う適正な収益を得ることが出来るわけだ。既にスイスでは似たような仕組みが出来ているので、それを手本にしてより大規模にネット上でこれを行おうというのである。私がやろうとしているチマチマしたプロジェクトとは根本的に異なる、〝突き抜けた〟プロジェクトである。

このプロジェクトを成功させるには、企業の信用リスク計量システムとベンチマーク金利の算出、財務情報収集と機密保持、オークション・システムの設計、不正取引防止など、さまざまなハードルがある。

そこで私は、半日にわたって白川に質問をぶつけた。産官学プロジェクトに不可欠な、国と企業からの支援、研究資金とマンパワーの調達、データの入手可能性、技術的条件などについてである。私が発する質問には、すべて答えが用意されていた。

もちろん私は、白川の言うことすべてを信用したわけではない。そこで日頃白川が懇意にしている2人の人物の意見を聞くことにした。1人目は、4月から理財工学研究センターに赴任することになっている二宮助教授である。

「二宮さん。白川さんのプロジェクトについて聞いていますか？」

「聞きました」

「うまくいくと思いますか？」

「そうですね。普通に考えればダメでしょうが、白川さんならやるかもしれません。既に役所や銀行との交渉も進んでいるようなので、彼らの協力が得られればうまく行く可能性はあると思っています」

「もうそこまで進んでいるんですか！　これがスタートすれば、あなたも協力を求められるでしょうが、そのあたりはどうでしょう？」

「頼まれれば引受けるつもりです」

「ところで彼にプロジェクト・リーダーが務まるでしょうか？　ああいう直情径行な性格だと、大勢の人をまとめていくのは難しいんじゃないかしら」

「そのあたりは、センター長が手綱を握って、うまくやって下さるしかないでしょう」

「情報システムはからきしダメなので、自信ないなあ」

「僕たちがサポートしますよ。それよりあの人は止めても止まりませんよ。リスクはありますが、ここまできたらやらせてみる方がいいんじゃありませんか」

2人目は、大手銀行に勤めるO氏である。この人は、OR学会と応用数理学会の研究会の主要メンバーで、白川の最もよき理解者の1人である。

「お問い合わせの件につきましては、前から聞いています。素晴らしい構想だとは思いますが、私は反対し続けてきました。

1つは、白川さんには他にやってもらいたいことがあるからです。彼は日本の数理ファイナンスの若手チャンピオンですが、このまま研究を続けて行けば世界のリーダーになる素質を持っています。スタンフォードのダフィーは、（経済学としての）ファイナンス理論は完成したと言っていますが、工学としてはこれからだと私は思っています。ですから彼にはこの分野でもっと研究してもらいたいのです。

2つ目の理由は、技術的に難しいこともありますが、仮にうまく行くとなると、これによって利益を奪われる人達（つまり銀行）が潰しにかかる可能性が高いからです。白川さんは人がいいから、この種の策略には勝てないでしょう（先生がガードして下されば別ですが）。それより何より、先生も御存知のとおり、日本の金融業界で国産技術が受け入れられる可能性はほとんどありません。彼らはアメリカの方ばかり向いていて、日本の技術には見向きもしないのです。

というわけで、友人として私は反対してきたのですが、あの人を止めるのは難しいし、奇跡が起こらないとも限らないので、やらせてみるしかないのかもしれません。あとは先生の御判断一つかと存じます」

白川はたとえていえば、100万キロワットの原子炉だ。私はこれまで制御棒となって暴走を押さえてきた。1本で足りないときは、森、丸山、古川教授にも手伝ってもらった。しかし制御棒を何本突っ込んでも、止められないこともあった。原子炉は動き出す前に止めなくてはならない。しかしこのとき、もう白川は動き出していたのだ。

一晩考えた私は、白川にゴーサインを出すことにした。原子炉を止めるには何本もの制御棒が必要だが、センター専属となる白川の制御棒は、いまやセンター長1本だけだ。無理に止めて放射能を浴びるより、ここはやらせてみて、うまく行かなかったらその時ストップをかける方が賢明だ。白川自身もプロジェクトの難しさは重々承知だろうから、うまく行かないとなったら、センター長の言葉に耳を貸すだろう。撤退方法は私が考えれば良い。仮にこのプロジェクトが失敗しても、私がやっているプロジェクトは必ず成功するから、役所に対する報告書はこちらで用意すればいい。

こう書くと、上司として無責任な態度だと取られるかもしれないが、実は私には白川を支持する積極的な理由があった。それはこのプロジェクトこそ、人々が金融工学に対して抱いている〝胡散臭さ〟を一掃するものになると思ったからだ。

金融工学に参入した80年代後半、われわれは三方からの敵に囲まれていた。1つは、日本国民が40年にわたって蓄えてきた1200兆円の金融資産を、自国に還元させようと狙っている米国資本、2つ目は金融工学を〝単なる計算〟と見下す経済学者集団。そして3つ目は、金融工学を学問として認めようとしないエンジニア集団である。

第1の敵はわれわれだけの手に負えるものではないから、当面は忘れることにしておく。

但し技術者の支援を受けた金融機関が頑張れば、10年以内にアメリカにカモにされない程度の技術を身につけるはずだ。

経済学者の批判は、無視するに如《し》くはない。われわれが努力すれば、彼らに負けない実力を蓄えることは可能だし、技術者でなければ出来ない仕事が沢山ある。

問題は第3の敵である。80年代後半、金融工学に理解を示す技術者はほとんどいなかった。金融では老舗であるOR学会ですら、主流派研究者は金融工学を否定しないまでも、〝あんなもの〟と蔑む姿勢を決め込んだ。

一方、工学部の保守本流というべき機械・電気・化学系の人達は、「金融工学は一部の富める者に奉仕する強欲工学ではないのか？」、「金融工学には原理原則はあるのか？」、「金融工学はそもそも学問なのか？」、という露骨な批判を口にした。

経済学者は無視すれば済むが、技術者の批判には応えなくてはならない。そこで私は機会があるたびに彼らの理解を求めた。これらの人々を対象とする文章を学会誌に何回も寄稿し、一般向けの本も書いた。そして10年後の今その努力は実り、有力な技術者がこの分野に参入するようになった。金融工学を強欲工学と蔑む人も少なくなった。

しかし金融工学が社会的認知を獲得し、多くの技術者がこの分野に参入するにつれて、私自身の中では金融工学に対する疑念が深まって行ったのである。

そのきっかけは、白川に代わって執筆した『理財工学Ⅱ』に対する森口教授のコメントである。本を書くたびに私は、大学時代の恩師であるこの人に贈呈することにしてきた。しかし自信作『理財工学Ⅰ』をお届けしたときは、いつもと違ってお礼状が届かなかった。

新しい魅力的な研究分野が出現すると、たちまちその分野に参入してチャンピオンとなった先生が、もし今も現役であれば、必ずや金融工学に参入してリーダーになられたに違いないと信じていた私は、〃やはり先生も、（他のエンジニアと同様）金融工学がお嫌いなのか？〃と落胆した。

だから『Ⅰ』に比べて出来の悪い『Ⅱ』を出したときは、お贈りすべきか否か判断に迷った。しかしこれまで書いた14冊のすべてをお届けしたのに、この本だけをパスするとなれば、自分を裏切ることになる。

残念なことに、1ヶ月たってもお礼状は来なかった。この結果私の傷口は更に広がった。しかしその1ヶ月後、葉書でなく封書が届いたのである。

「今野浩君
このたび『理財工学Ⅱ』をお届け頂き有難うございました。貴君がここ何年か理財工学で頑張っていることは承知していましたが、詳しい内容までは知りませんでした（ちなみに私も、「金融工学」より「理財工学」の方が気に入っています）。そこで今回新著を頂いた機会に、『理財工学Ⅰ』と併せて読んでみました。
このたび2冊とも読了しましたが、エンジニアとしての貴君の心意気が伝わってくるような気がしました。資産運用に関する実務的問題を、数理計画法を用いて解決しただけでなく、これを後輩たちに向けてわかり易く解説したのは素晴らしいことです。説明も良くこなれていて、申し分ない出来あがりだと思いました。

しかしここで1つ考えてもらいたいことがあります。貴君がやった仕事は、数理工学の研究としては大変面白いものですが、私には何かひとつ物足りないのです。これらの研究はこれでよいのですが、できればこれから先、わが国の金融システム全体を抜本的に立て直す仕事をして頂けないでしょうか。

では今後の御活躍を期待しています。

森口繁一」

現役時代の森口教授の評価基準は、一にも二にも「役に立つこと」だった。いずれ役に立つかもしれない高尚な理論より、すぐに役に立つ道具の開発を大事にされたのである。

私は学生時代から、この「森口イズム」に忠実でありたいと考えてきた。だから80年代後半に理財工学に参戦してからは、ひたすら役に立つ（はずの）問題を解き、論文に仕上げることに邁進してきた。レベルの高い論文を量産することによって、経済学者を打倒したい。自分が開発した道具を、日本の資産運用ビジネスに利用してもらいたい。そしてわれわれを後進国と見下している米国の研究者に一矢を報いたい。こう考えながら、遮二無二走り続けて来たのである。

ところが、役に立てばそれで良かったはずの森口先生が、もっと本質的なことを考えろと苦言を呈されたのである。

果たして私がやって来たことは、本質的なことだったのだろうか？　沢山論文を書きまくったが、それが使われたのは国外ばかりだ。結局のところ、私はアメリカの強欲な人たちにサービスしただけではないのか。経済学者を打倒することは出来たが、そんなことは本質的とは言えない。

エンジニアたちの努力のおかげで、かつて20年と言われた欧米との技術格差は縮まった。しかしいまもアメリカについていくのが精一杯だ。もっとはっきり言えば、「アメリカ従属」ムードが金融業界を覆っている。その上国民の血税で救われた銀行は、巨額な収益を国民に還元せずに、自らの懐を潤している。

結局のところ、われわれの研究は、日本国民にとって意味のないものではないのか？　金融工学に人々の期待が集まる中で、森口教授の言葉は、私の脳髄の奥深いところに突き刺さったのである。

ところが、ここにはじめてアメリカの後追いではない、そして一部の富める人たちのためではない、壮大なプロジェクトが白川によって生み出されようとしているのだ。もしこのシステムが実現すれば、１２００兆円の金融資産が有力ビジネスに投資されることになる。これこそ、森口教授が言う、〝わが国の金融システム全体を抜本的に立て直す〟仕事といえるのではないか。

自動車や半導体は、日本にとってかけがえのない産業である。しかし有望な企業にお金を融資すると共に、人々に適正な金利収入をもたらすビジネスは、それに劣らず重要なものだ。金融工学を〝胡散臭い〟と思っているエンジニアも、このプロジェクトを知れば考え方を変えるに違いない。

私が白川にゴーサインを出した最大の理由はこれである。

16章　すべて僕に任せてください

一晩考えたあと、私は白川を呼び出した。

「プロジェクトの件は了解しました。但し1つ条件があります。少なくとも3分の1以上の時間を、自分の研究にあてて下さい。大学における研究者の評価は、第1に研究論文、第2が教育、そして第3が社会貢献という構造になっています。いくらプロジェクトで業績を挙げても、研究論文を書かなければ大学の中では評価されないのです。君はもうそろそろ40に手が届くから、ここ数年のうちに教授になってもらわないと周囲が困ります。プロジェクトの責任者として、社会は助教授ではなく教授であることを要求するからです。

たとえば東大のSさんを見て下さい。あの人はTRONプロジェクトの中心人物でしたが、教授でなかったために、周りが苦労したそうです。君の教授昇進のために動いてくれる人は、私の他には森先生と丸山先生しかいません。私が停年になれば、丸山先生に頼るしかないでしょう。でもあれだけの実力者でも、出来ないことは出来ない。経営の内規では、教授に昇進するための条件は、20編以上のレフェリーつき論文を書いていることです。センターは経営からは独立した組織ですが、彼らの支援を受けなくてはならない以上、経営のルールを無視するわけにはいきません。ところでその後、論文はいくつ増えましたか？」

「――」

「まさかゼロではないでしょうね。ベルギー時代に書いた論文はどうなりましたか？」

「あれはあのままです。この3年で通ったのは3編です」

「現在審査中のものは？」

「1つです」

「前のやつはどうなったんですか？」

「もう諦めました」

「どこかに出せば通るんじゃないですか？」

「もう古くなってしまったから無理です」

「じゃあ、ベルギーの奴を早く投稿して、これから先毎年2編は論文を書いて下さい。君の実力があれば、その気になればいくらでも書けるでしょう。英語なら僕が手伝います」

「英語なんか僕でも書けます。あんまり論文、論文としつこく言わないで下さい。先生は沢山書けと仰言いますが、数が多ければいいってもんじゃないんです」

「ともかく早く教授になってもらわなくては困ります。大学という組織では、助教授は一人前ではないのです。そもそもセンター長は、教授でなくてはなれないんです。君は何年かセンターの仕事をしたあと、経営専攻に戻ってセンター長になる人なんです」

「僕はずっとセンターにいます」

「知らないんですか?!　センター専任の人は、センター長にはなれないんです。センター長は外から来るのがきまりなんです。今のうちは、森さんや丸山さんがいるからいいけれど、丸山さんはいずれ研究科長、もしかすると学長まで行く人です。経営でセンター長が務まる人は何人もいません。だから電気あたりから誰かが来てあれこれ言う心配があります。君がセンター長になるには、経営の教授になるしかないんですよ」

「わかりました。なるべく論文を書くようにします」

「なるべくじゃ困るんです。約束して下さい」

折角好転していた白川との関係が悪くなったのは、この頃からである。

センターが設立されるや否や、白川は東京中を駆け巡り、延べ40社と通産省に支援を求めた。99年秋にスタートした三和銀行、東芝、和陽インターナショナル・コンサルティングなど数社と中小企業庁との共同プロジェクトには、世間の注目が集まった。

プロジェクトは順調に進み、２０００年春には、信用リスク計量システムを一般公開して、特許も取った。第2ステップの、信用リスク・データベース作成に関わる研究もスタートした。確率論の専門家で、情報システムにも強い二宮助教授と、情報システムの専門家である比嘉教授もこれを援護した。毎月1回開催される研究会には、10年前のＯＲ学会研究会のような熱気が溢れていた。

情報システムには素人である私は、ここで議論されている内容を全く理解できなかった。数理ファイナンス研究部会のときは、わかったふりをしてごまかすことが出来たが、ここではゴマカシはきかなかった。こうして私は2、3回出席したあと、参加を見合わせた。

停年を間近に控えて、やらなければならないことが沢山あったし、「お忙しいでしょうから、わざわざ出て頂かなくても結構です」という白川の言葉の裏に、「すべて僕に任せてください」という本音が潜んでいることに気付いたためである。

米国での調査によると、大学の研究者は停年の3年前から生産性が低下するという。停年が60歳だろうが65歳だろうが同じだという。理由ははっきりしている。教授は停年3年前から、博士課程の学生を採用出来なくなるからである。1年前になると、修士の学生もとれなくなる。学生がいなければ、教授は弟子がいない相撲部屋の親方のようなものだ。

停年は、いわば〝計画倒産〟である。いつ辞めるかわかっているのだから、それまでに計画的に店閉まいをすればいい。思いやりのある学科では、停年1年前の教授を雑務から解放する。その間にきっちり後始末をしてもらわないと、残される者が困るからである。

センター長になったとき、私は学科の雑務を軽減してもらったが、大学院生5人の指導は私の仕事である。またセンターの外交活動は、すべて私の肩にかかってきた。そこで内政――プロジェクト、シンポジウム、予算執行――のすべてを白川に任せることにした。

この結果、2000年夏以降、白川が実質的にこのセンターを取り仕切ることになったのである。恐らくこの頃の白川は、年4500時間は働いていたのではなかろうか。本務だけで4000時間、その上一橋大学助教授を務める夫人が長女を出産したあとは、夫人が担当していた講義も引き受けていた。過重な負担で消耗している姿を見て、私はセンター長として苦言を呈した。

「ただでさえセンターの仕事が忙しいのに、よその大学の非常勤講師を引き受けるのはやめて下さい。誰かがやればいい仕事はやらないようにして欲しい。自分で断りにくいなら僕が断ってあげます」

「それはやめて下さい。僕が断ります。でも断ると女房がクビになるかもしれません」

「そんなことありえません。奥さんは公務員だから、法律で出産休暇が認められています。非常勤の予算くらいは手当てが出来るはずです。現に君は非常勤講師手当てをもらっているでしょう。ともかくその仕事はやめて下さい」

白川は私の指示に従わなかった。辞めたくても辞められない事情があったのだろう。

東工大と東大のセンターが設立された次の年、「一橋大学国際企業戦略研究科経営・金融専攻」と「京都大学経済研究所・金融工学研究センター」が設立された。

このとき文部省は、一橋大と京大を東西の金融工学の中心として位置づけ、一橋に対して近い将来、東工大の「理財工学研究センター」と合併するようアドバイスしたようである。

文部省としては、あちこちに小さなセンターが出来るより、1つにまとまってくれた方が具合がいい。東大はムリでも、東工大ならうまくもっていけば合併に応じるだろう、というわけである。

私は東工大、一橋大、東京医科歯科大、東京外国語大の四大学連合活動の中で、一橋の石弘光学長が東工大との共同プロジェクトとして、「金融工学」をターゲットにしている事を知っていた。もしやるのであれば、センター長としては1コマの講義くらいは負担せざるを得ないだろう——。

ところが文部省・一橋連合軍の意図は、〝東工大吸収〟だったのである。

私を呼び出した内藤学長は尋ねた。

「一橋は東工大のセンターとの合併を望んでいるということですが、どう思いますか?」

「そんな話があるんですか。僕はお断りします。センターが一橋と合併すれば、これまでの努力は水の泡です。一橋はビジネス・スクール、つまり教育組織です。こちらは研究を主務とする組織です。一橋と合併すれば、研究水準が大幅に下がってしまいますから、世間の期待に応えられません」

「そうですか。私はもともとこれには反対でしたが、石学長は、センターの皆さんは賛成していると言っていましたよ」

「そんなことはありません」

こう言ってはみたものの、このとき私の中にある疑念が生じた。一橋の攻勢を受けた白川は、私が退職したあと適当な時期に、一橋と合併する構想を飲まされたのではないか？

17章　病をおして

センターがスタートして2年後の２００１年3月31日、私は東京工業大学を停年退職した。この数日前、約40人の停年教授達は、学長にコーヒーとケーキのもてなしを受けた（こんなことは20年勤めて初めてのことである）。50年代末以来の理工系大学大拡充の中で、東工大教授ポストにありついた運の良い人達である。

かつては、60歳で東工大を退職する教授には、あちこちからお呼びがかかった。都内の有力私立大学、首都圏の（65歳停年の）国立大学、企業の研究所長、顧問などである。しかし時は移り、少子化の中で大学産業は縮小過程に入っていた。また10年続いた大不況の中で、企業も余程の大物教授でなければ、食い扶持を与えるだけの余裕を失っていた。

この結果、停年教授の多くは悠々自適の生活に入ることを余儀なくされた。かつて工学部長を務めた梅宮教授は、もう宮仕えは御免だと言っていたが、ドタン場になって地方の私立大の口を見つけた。工学部長といえば、会社で言うところの常務取締役だから、退職金と年金でゆっくり暮らせると思っていたところが、年金は３００万円程度しか出ない。これではとてもやっていけない、と奥さんから言われての単身赴任だった。

　学長の招きにもかかわらず、20人の停年教授は顔を見せなかった。既に新勤務先に移住した人もいただろうが、大半はまだ仕事が見つからない人である。こんな状況の中、都心にある私立大学に採用された私は、40人の中で最も幸運なグループに属する。

　東工大では、停年退職した教授は特別な行事でもない限り、大学に足を踏み入れないという不文律がある。かつての上司がやってきて、現職の教授にあれこれ指図するのは好ましくないからである。引退した教授は、5年もすればただの老人に過ぎないし、現役で頑張っている人は、先輩と茶飲み話などしている暇はない。

　永年勤続した退職教授には、名誉教授という称号が与えられる。一般の人はこれをもって、企業で言えば顧問くらいのポジションだと思うだろう。しかしこれは、名刺の肩書きが空白になるのを防ぐ役には立つが、実質的にはほとんど意味がない称号である。

　私が学生だった時代、東京大学工学部の各学科には、「名誉教授室」という札がかかっている部屋があった。しかし、そこが名誉教授の居室だと思ったら大間違いで、新米助教授のオフィスになっているのだ。

　名誉教授が訪ねて行っても坐る場所はない。助教授にお茶を御馳走してもらえれば、運がいいというものだ。東工大の２００人を超える名誉教授に用意されているのは、図書館の片隅の小部屋１つだけである。誰でもこんなところよりましな行き場所はある。そんなわけだから、名誉教授は余程のことがなければ大学には来ない。はっきり言おう。名誉教授は、大学というコミュニティのゾンビなのだ。

私が知っている数少ない例外は、学部長を務めたH教授である。この人が学部長時代に秘書を務めた女性の部屋に顔を出すと、その情報はかつての部下であるX教授に伝わる。

「今そちらに向かわれましたよ」

「はい、わかりました」

蒙古襲来の知らせを受けたX教授は、そそくさと部屋を抜け出し行方不明となる。かわって相手をさせられるのは、運悪くつかまった別の元助教授（現教授）である。人々がこれを「蒙古襲来」と呼ぶのは、X教授が「もう来ないで」と叫んだのを秘書が聞き間違えたためである。こんな風に言われるのは、現役時代に助教授や学生たちを痛めつけた報いである。

しかし悪さを働かなかった教授であっても、後輩にとってはうざったいものである。何せ相手はヒマだから（ヒマでなければこんなところに来ない！）、どうでもいい昔話に花を咲かせたがる。ところが現役教授は、年3500時間以上のハードワークに追われているから、たとえ1時間でもムダにしたくないのだ。

そこでこの大学では、創立記念日を名誉教授の日と定め、この日だけはゾンビたちが堂々と大学に出入りできるよう迎え火を焚いた。しかし集まって来るのは、70歳以上の人ばかりである。60歳でゾンビになったあとは、70歳を超えると完熟ゾンビ、そして80歳以上は超絶ゾンビである。

こんなわけだから、私は退職後、東工大に足を踏み入れることを慎んできた。私に代わってセンター長となった森教授から、白川教授が元気でやっていることは聞いていたが、本人からの連絡はほとんどなかった。

退職する4ヶ月前、学科主催で私の送別会が開かれた。一泊旅行は御免だったので、大学に近いフレンチ・レストランで会食を設定してもらった。豪華なフルコースとワインの飲み放題は好評を博した。もはや、「熱海の一泊旅行」を喜ぶ人は死に絶えたのだ。

会食が終わったあと、私は森・丸山両教授に誘われ、場所を移してもう1杯やることになった。何か相談ごとがあるということは見当がついた。皆それぞれに忙しいから、特別な用件でもなければ、場所を変えて飲み直すようなことはないのだ。

「おかげさまで気持ちのいい会でした。経営に呼んでもらってから7年になりますが、ひとまずやれることはやりましたので、あとはよろしくお願いします。特に白川には敵が多いので、くれぐれもよろしく」

「その白川なんだけど、今のうちに教授にしてもらえませんか」と森教授。

「え?!　彼はこの間40になったばかりだから、まだ少し早いと思っていました。本音を言うと、もうちょっと大人になってもらわないと困るんですけどね。でも教授にしてしまえば自覚が出来る、ということはあるかもしれませんね」

「先生がやめる前に教授にしておかないと、なかなかチャンスが無いんじゃないか。あれだけ敵が多いと、研究科長という重みがあれば文句を言わないだろうが、僕らではそう簡単ではないと思うんですよ。僕が辞めたあとは白川シンパは丸山さんだけだから、ちょっと大変じゃないかな」と森教授。

「そうですか。丸山さん、どうお考えですか？」

「僕はあいつがやっていることを、高く評価している。経営の将来を一番良く考えているのは彼なんだ。今野さんが言っているように、センターは経営が将来飛躍する上で重要な拠点になると思っています。だから彼が思う存分に活躍できるよう、今のうちに教授にしてやって下さい」

「そうですか。あまり時間が無いけど、お2人がそう仰言るならやってみましょう。センターの運営委員会を通すのは難しくないと思いますので、経営の方はよろしくお願いします。それにしても、一生懸命やっているのに何でこんなに評判が悪いんですかね」

「経営（工学専攻）が本籍でセンター兼任なら良かったんですよ。完全にセンターに移ってしまったので、裏切られたと思ったんですよ。みんな白川の実力を知っているから、それなりに評価していたんだけど、経営から足を洗うと聞いてプッツン来たんだ。近親憎悪なんだろうね。折角大切にしてやったのに何だってことですよ。このしこりが解けるまでには、10年くらいかかるんじゃないかな」

「わかりました。やってみましょう。反対があっても私は数ヶ月すればゾンビだから、気にすることもありませんからね」

41歳で教授というのは、東工大では最も早い昇進の部類である。40になる前に教授になったのはこの学科では丸山教授だけである。

白川は10人に1人の逸材で、国際的な評価も高い。したがって、研究者としてみれば教授になるための条件を満たしている。しかし「教授」には大人の判断が必要である。この点から見ると、白川に教授が務まるかという点には不安がある。

事実白川は、プロジェクト参加企業とトラブルを起こしていた。最もよく支援してくれたA社がセットした夕食会で、「おたくの経営理念は時代遅れだ」と社長に食って掛かり、「君は中学生のように純真な人ですね」とたしなめられ、「あなたたちのように、規制で保護されてきた人とお話ししても、時間が無駄になるだけです」と叱りつけたことがあった。このためA社との提携は1年で打ち切りとなった。こんな人を教授にすると、ますます過激になって周囲を困らせるかもしれない。

しかし私は決心した。そして2度目の「番町皿屋敷」を経験することになったのである。

論文は18編まで増えていた。しかし経営の内規である20編には2つ足りない。白川は私の要望に応えて、学生との共著論文を日本語の雑誌に投稿し、合格通知を受け取っていた。かつて〝搾取〟と批判した学生との共著論文、しかもかつて〝そんなところに出ている論文はゴミだ〟と見下したジャーナルである。自らの禁忌《きんき》を犯して、私の意向に沿うべく努力してくれたのだ。

18編でもセンター委員会を通すことは出来る。論文以外にも特許とプロジェクトがあるし、世間の評価も高い。しかし万一を恐れて、私は前回同様このときも〝粉飾〟した。そんなことをしなくても通ったはずだが、これをやらなければ、白川の経営での立場が更に悪化すると思ったためである。

その一方で、2度にわたる〝粉飾〟で、白川のプライドは大きく傷ついた。それを知っているのは私と森教授だけだが、〝弱み〟を握られた白川は、ますます私から離れて行くことになるのである。

白川が倒れたという知らせを受けたのは、2001年の夏だった。センター長の森教授は、「恐らく過労だろうが、大事を取って入院させた」と言っていた。あれだけ働けば、誰だって倒れてもおかしくない。相変わらず一橋の非常勤は続けていたのか？　しかし少し休めば元気になるだろう。

この年、東工大は創立120周年を記念して、5研究科がそれぞれ1つずつ演《だ》しものを用意することになっていた。丸山教授の要請に応えて、白川はシンポジウム「豊かさを求めて」のオーガナイザーを引受けた。私への講演依頼は秘書を通してメールでやってきた。こんなときは本人が直接頼むのが礼儀ではないかと思ったが、〝頼まれたことは断らない〟主義の男は、これを引受けた。

東工大における金融工学研究、特に理財工学研究センターの過去・現在・未来について話して欲しいということだったが、ゾンビはあまり目立たない方が賢明だ。そこで私は30分だけ白川の前座を務めることにしたのである。

11月半ばになって、森教授から連絡が入った。

「白川の具合が良くないようです。先週、精密検査のため入院したところ、医者から当分安静にした方がいいと言われたそうです」

「まさか癌じゃないでしょうね」

「奥さんの話では、まだはっきりしないが、その疑いもあるということでした。医師はシンポジウムでの講演はやめた方がいいといっているが、当人は絶対にやると言うので、奥さんも困っているようです」

「そうですか。あまり無理しない方がいいのでしょうが、あの人は止めても止まる人じゃないですよね」

「もう原稿は送ってもらっていますので、万一の場合には誰かに代読してもらおうかと思っています。でも彼が作ったセンターなんだし、社会理工学研究科や経営システム工学科にとっても大きな意味を持つので、やらせてやった方がいいのかもしれないと思って悩んでいるんですよ」

「……。つまり、これが最後の晴れ舞台ということですか?」

「そういうわけではありませんが、何となく悪い予感がするんです。この間見舞ってきましたが、顔がむくんで黄疸が出ていましたから、相当悪いのかもしれません」

「僕はこの際、当人に任せるしかないと思います。出てきて何かあったら大変ですが、だからといって止めても止まる人じゃないし、仮にそうなっても、あとでやらせておいてあげて良かったと思うのではないでしょうか」

12月6日のシンポジウムは、学内・学外から300人を超える聴衆が集った。病院を抜け出てきた白川は、予想以上に元気だった。そしていつもの大声で、「インターネット・ファイナンス」と「理財工学研究センター」について雄弁に語った。それは良く練られた、心に残る講演だった。

白川はいまや単なるエンジニアではなく、日本経済の再生を目指す「突き抜けたエンジニア」になった。50までは無理かもしれないが、あと数年は頑張ってくれるだろう。そうすればプロジェクトは完成し、センターは生き続ける。

はじめて会った頃のように、色白の頬を紅潮させる白川少年の元気な大声を耳にして、私はすっかり安心していた。

18章　原子炉停止

２００2年3月8日の朝、森教授から連絡が入った。

「白川の状態が悪いようです。このところ辛そうな様子なので心配だったんですが、先週末にがんセンターに入院して検査を受けたところ、あちこちに転移していて、もう手の施しようがないと言われたそうです」

「そんなに悪いんですか」

「昨晩奥さんから連絡があって、まだ話が出来るうちに、センター関係者に会って頂けないかということでした。僕はこれから行ってくるつもりです」

「築地のがんセンターですね。私も明日行くことにします」

１２０周年記念講演会のあと、白川は順天堂医院に戻り、数日後に手術を受けた。手術はひとまず〝成功〟し、年末には自宅に戻った。１年半前に生まれた長女に続いて、半年前には2番目が生まれた。２人目を作ったのは、まだ当分生きられると思っていたからだろう。

退院後は１ヶ月ほど自宅で静養して大学に復帰し、再入院直前までゼミを行い、プロジェクトも陣頭指揮したという。

白川の子煩悩は徹底したものだった。長女が生まれる半年も前から、育児本を次々と読破したあと、より具体的な情報を手に入れるために、吉瀬女史に電話でいろいろ質問していたということだ。「生まれてからでも遅くないのに、やっぱり白川さんは何でも徹底してやらないと気が済まないのね」と吉瀬女史は笑っていた。

10年前、白川には2人のご主人様がいた。私と森教授である。白川はこの2人に献身的に尽くした。頼まれないことまでやらなくてもいいと言っても、聞いてくれなかった。そこに3人目が登場した。東大の楠岡教授である。ここまでは何とかなった。しかし、4番目のドーフマン教授の登場で限界を越えた。この結果、森教授が押し出された。

数年後〝女神〟が登場した。数理ファイナンス研究部会の研究仲間である。荒俣宏が言ったことは正しかった。「根気良く探し続ければ、いつか見つかる」。1つ違いのフィアンセは白川を尊敬していた。そして40の大台を越える直前の1999年、2人は結婚した。

解けないはずのNP困難問題を解いた白川は有頂天になった。そしてこの成功は、残る困難男たちを奮い立たせた。「あの難問が解けるなら、俺の問題も解けるはずだ」。解けるとわかれば問題は次々と解けた。こうして〝筑波三困難男〟は、全員めでたく四人となった。

女神の出現で押し出されたのは、ドーフマン教授である。私はまだ辛うじて3人の枠に納まっていた。しかし子供が生まれれば席が1つ減る。次に落ちるのは私だろう。何故なら白川が尊敬する楠岡教授は、女神の指導教官を兼務していたし、私は本の執筆や論文の件で圧力をかけ続けてきたからである。本人のためを思ってやったつもりだが、それはこちらの言い分だ。

白川の振り子は「+1《プラス》」から「－1《マイナス》」にふれる。ドーフマン教授はこのケースである。では「+1」から転落したあと私は何になるのか。

意地悪な経済学者たち、強欲な外国資本、薄情な純正エンジニアたち、そしてエンジニアを冷遇する金融ビジネスの経営者たちと戦って、「理財工学研究センター」というお城を作った戦友としての私は、依然として「+1」の地位を維持するはずだ。その一方で、いつも自分に圧力をかけ続け、2度の粉飾に関わる秘密を握る不愉快な男は「－1」である。だから私は、「+1」と「－1」を揺れ動く厄介な存在になるはずだった。

ここに癌という魔王が襲ってきた。いつかはこうなる運命だとはわかっていたが、予想より10年早かった。かくして私も楠岡教授も脱落した。残ったのは、命を懸けて愛したもの、すなわち妻と娘たち、そして「理財工学研究センター」だった。

がんセンターを訪れるのは、叔父を見舞ったとき以来15年ぶりである。当時は陰鬱で汚い病院だった。こんなところに入院したら、却って病気が悪くなるのではないかと思ったが、心配したとおり叔父は手術の後呆気なく死んでしまった。以来私は、銀座の裏にあるこの忌まわしい建物には近づかないようにしてきた。

久しぶりに訪れた病院は、高層ビルに生まれ変わっていた。入口脇のロビーは、ホテルと見まがうほどの豪華さである。端末で病室を調べて7階までエレベーターで昇り、廊下を廻ったナース・ステーションで病室を尋ねると、一点の曇りもない微笑をたたえた看護師が、部屋番号を教えてくれた。こんな病院に勤務しているのに、この屈託のなさは何なのか？

廊下を歩いていくと先方の扉が開き、白川夫人が生まれたばかりの赤ちゃんを抱いて病室から出てきた。

「どうもこのたびは」

「よくおいで下さいました。明日になると伺っていましたので心配していました」

「会議が早く終わりましたので、早い方がいいと思いまして。どんな具合でしょう？」

「誕生日までは生きていて欲しいと願っていましたが、無理かもしれません」

「誕生日は12日でしたね。今日は8日だから……」

「入院した翌日、もうだめだと言われました。写真で見ると、肝臓だけでなく肺もほとんど機能していないそうです」

「そんなに悪いのに、大学には出ていたんですか」

「年が明けてからいつも苦しそうにしていましたので、調べてもらうよう勧めましたが、言うことを聞いてくれませんでした。先週やっとその気になってくれたんですが、あとはモルヒネで苦痛を和らげるしかないそうです。医師からは、どうしてここまで放っておいたのか、普通なら歩くことも出来ないはずだといわれました。今は薬が効き始めてうつらうつらしていますが、どうぞお入り下さい」

こんなとき、どんな言葉をかければいいのだろう。白川だったら、「病人お見舞いマニュアル」を買って勉強してきたかもしれない。病人はベッドの上で苦しそうな息を吐いていた。

「あなた、今野先生がお見えになりましたよ」

白川は虚ろな眼でこちらを見た。暫くして私だと気がついたようだった。

「あー、先生。こんな風になっちゃって」

「起き上がらなくてもいいですから。今朝森先生から電話があって、入院のことを知りました。会議が早く終わったので面会時間に間に合いました」

「先生、申し訳ありません。いろいろ……」。息が続かないようだ。

「お詫びしてもらうようなことはありません。君は良くやりました。いつも働き過ぎだと思っていたけど、君は本当に良くやりましたよ。元気になったら、バカなやつらのことは忘れて、また2人でガンガンやりましょう。この際、センターのことは比嘉さんと二宮さんに任せて、暫く休養して下さい」

「残念です。すみません。先生」

「心配せずに休んで下さい。センターは絶対に大丈夫です。あれだけ実績を挙げたんだし、丸山さんも本気で支援しているから、君は身体のことだけ考えていればいいんですよ」

何をいってても意味がないことはわかっていた。そして15分ほどして私は席を立った。夫人は病室の外まで送りに出てくれた。

「午前中に学生さんが見えたときは、意識が朦朧《もうろう》としていてあまり話も出来ませんでした。先生とはお話が出来て良かったと思います」

「こんなに早く、こういう日が来るとは思っていませんでした」

「はじめの手術のとき、再発したらダメといわれました。でも本人は希望を捨てていなかったようです」

「先週までゼミをやっていたとか。ギリギリまで働いたんですね」

「主人は、先生にお詫びしなくてはならないことがあるといっていました」

「いやいや、僕の方がお詫びしなくてはならないくらいです。センターを作ったばかりに、大変な仕事を押し付けてしまいました。それに、いろいろ細かいことでうるさいことを言いましたから、嫌がられても仕方がないんですよ」

「先生は、いつも白川に良くして下さいました。それなのに、私はそばについていたのに、何もしてあげられませんでした」

「何とか白川のために、お子さんと共に頑張って下さい。それでは私はこれで」

もっと話をした方が良かったのだろうか。お詫びとは何なのか。残念とは何をいったのか。思い当たることはいくつかあった。『理財工学Ⅲ』が完成しなかったこと。論文書きに関するやりとり。この1、2年疎遠になっていたこと。プロジェクトの進捗が思わしくないこと。一橋との合併計画……。

この翌日白川は昏睡に落ち、二度と意識が戻ることはなかったという。

白川が死んだのは、3月16日だった。42歳の誕生日を4日過ぎていた。19日の全国紙に訃報がのった。〝東京工業大学教授。3月16日肝臓癌で死去、42歳。金融工学の分野で数々の業績を挙げた〟。確かこんなことが書いてあったはずだ。

42歳の〝若手〟研究者の訃報が、全国紙に載るのは異例のことである。もしこの人が助教授だったら、決して載らなかっただろう。通夜は白川の自宅に近い民間の斎場で行われた。同僚、友人、学生たち200人くらいは来ていただろう。しかし白川側の親族は、母と兄の2人だけという侘しいものだった。

原子炉停止のニュースは、衝撃波となって人々に伝わった。白川の他人に対する評価がそうであったように、人々の白川に対する評価も2つに分かれた。白川を理解し尊敬していた友人たちは、通夜の席で無念さを堪えていた。また白川と共に戦った十数年来の盟友たちも、かけがえのない同志を喪って茫然たる面持ちだった。

一方白川を評価しなかった人々は、シニカルな言葉を発した。「いまどき、肝炎から肝臓癌になって死ぬなんてどうかしてますよ」、「あんなに過激にやっていれば、どの道長生きはしなかったでしょうね」、「結局あの人は何をやったんですか」、等々。

19章　トコトンやった

学部時代の白川は、公認会計士を目指していたという。70年代後半、工学部を受験する学生で、公認会計士志望という人は極めて珍しい。もしはじめからこういう仕事に就こうと思っていたら、東工大ではなく一橋に行っていた筈だし、そもそも完全理系男が、高校時代にこんな仕事に関心を持っていたとは考えにくい。

転進した理由は何か？　長く発展途上国に単身赴任しているエンジニアの父を見て、企業の技術者は割りに合わないと思ったためか。母親が株式投資で儲けていることを知って、お金まわりのことに関心を持ったためか。それとも先輩の誰かに吹きこまれたのか。

経営システム工学科に進学した少年は、一橋大学出身で経営財務理論が専門の古川浩一助教授の研究室に所属して、持ち前の勤勉さで経済学や会計学を勉強し、4年生の時に公認会計士試験を受けた。しかし1年程度の勉強では、10人に1人の難関をくぐり抜けることは出来なかった。

そこで金融機関への就職を考えたが、健康診断で慢性肝炎と診断され不合格となった。1

年休学のあと大学院に進み、再び公認会計士試験を受けるも失敗。古川助教授は白川の才能を高く評価し、熱心に指導したということだが、恐らくは言語能力（文章表現や読解力）が障害になったのだろう。

自分の生きる道は、数理能力を生かした研究者の道しかない、ということに気づいた白川は、博士課程に入るにあたって指導教官を森助教授に変更し、待ち行列の研究に転進した。

白川の転進に古川助教授は失望したはずだ。しかし人柄の良いこの人は、白川を見捨てなかった。だから筑波から呼び戻したのだ。一方、白川はもはやこの人を師とは見なさなかった。経営における立場を決定的に悪くした原因はこれである。

大学院で白川は、森助教授と木島助手の指導の下で、待ち行列に関する優れた論文を書いた。森助教授は7年ぶりの博士である白川を、自分の後継者と考えたはずだ。しかし博士号を取って間もなく、ファイナンスに転進した。人柄の良い森教授は、白川を見捨てなかった。それどころか、最後まで白川を支援したくらいである（白川の教授への昇進を最も強く主張したのはこの人だった）。しかし白川は可愛がってくれたこの人の研究態度を批判して、周囲を驚かせたのである。

数理ファイナンスに参入した白川は、優れた論文を量産し、この分野のエースと見なされるようになった。しかしその10年後に実務的研究に転進し、数理ファイナンスに絶縁状を突きつけた。白川の少年のような純真さと誠実な人柄を知る人は、これを許容した。しかし多くの人は白川から離れていった。

普通の人であれば、もっとうまくやることを考えただろう。新しい分野に移っても、絶縁状を突きつける必要はない。黙っていなくなるか、適当に付き合っていけばいいのである。思いがけないところで、古い付き合いが役に立つこともある。白川のように〝一途〟でない私は、専門を変えても古い仲間と適当に付き合ってきた。そして結果的に、それが貴重な資産となったのである。

白川は誠実だったが故に、中途半端なことは出来なかった。新しい分野に転進すれば、そこに100%のエネルギーを投入しようと考える。かつての仲間が引き止めようとすれば、適当に対応するのではなく本音を述べた。

白川は実に多くのことを勉強した。数学、経済学、情報技術、経営財務、待ち行列理論、そして数理ファイナンス。これらはすべて白川の中に確固たる蓄積となった。そしてそれらのすべてを総合して、インターネット・ファイナンス・プロジェクトを構想したのである。

しかし「天才は才能を浪費する」という言葉どおり、やった仕事の量に比べると、そのアウトプットはあまりにも少ない。多くの論文を書いたのに、日の目を見たのはその一部に過ぎない。本の執筆にあれほど時間をかけたにもかかわらず、とうとう1冊の著書も遺さなかった。また死の直前まで熱心に学生たちの面倒を見たのに、1人の後継者も育てなかった。

しかしそれでも、白川の名前は、「理財工学研究センター」とともに、永く人々の胸に刻まれるはずだ。

白川の死後、「Mathematical Finance」誌が白川への追悼文を載せることになり、編集委員を務める私にその仕事が廻ってきた。数理ファイナンスの頂点にあるこのジャーナルが、追悼文を載せるのは異例の措置である。白川の論文で国際的なジャーナルに公表されたものは、第1巻に載った出世作のほかは、1、2編に過ぎないからである。しかし編集長のプリスカ教授は、白川が91年から96年までに書いた論文を高く評価していた。そこでこの異例の措置となったのである。

死後1年ほどして、吉瀬女史の発案で追悼文集が編まれ、40人ほどの友人たちが寄稿した。ここには、私が知らなかった白川のエピソードが記されていた。東京より遥かに寒い筑波の冬を、ワイシャツ姿で過ごしていたこと。森高千里とF1レースの〝狂〟のつくファンだったこと。新聞はトーチュウしか読まなかったこと。先輩教授が20歳年下のミス筑波と結婚したとき、ショックのあまり寝込んでしまったこと。友人や後輩たちの相談にのり、バランスの取れたアドバイスをしていたことなどである。この文集を読んで、これらの人々が何故白川のファンになったのかが良くわかった。

その後暫くして、私は古川教授に呼び出され、2人だけで飲む機会があった。東工大を退職したあと岩手県立大学の学部長として多忙な毎日を過ごしている人が、折り入って話があるという。

夕方5時に御茶ノ水駅で落合い、飲み屋に直行した。店には東北地方の地酒が並んでいる。用件は最初の徳利が空く前に終わった。そして話は白川のことになった。

「センターの仕事で、彼は生命を縮めてしまいました。あんなものを作らなければ、彼ももう少し娘さんたちと一緒に暮らせたと思うと、何か……」

「あれでよかったんですよ。彼のことを早死にだという人がいますが、そんなことはありません。長く生きた方だと思いますよ」

「彼はいつも、自分は50歳までの生命だといっていました。42で死んだのは過労のせいでしょう」

「僕はもともと、40までもたないのではないかと思っていました。学生の頃、日科技連のセミナーを手伝ってもらっていましたが、ある日昏倒して椅子から転げ落ち、病院に担ぎこまれました。病院の診断は慢性肝炎でした。非A非B型肝炎、今で言うC型肝炎です。この病気は感染してから20年くらいすると、悪化して癌になるケースが多い。白川は母子感染ですから、既に20年以上経っていたわけです。私の知り合いで、C型肝炎の人が何人かいますが、20年くらいで癌で死んだ人が多いんですよ。もし当時インターフェロンがあれば治ったんでしょうが、まだ病名すらはっきりしなかったんですよ。20歳の時点で相当悪かったんだから、40歳まで生きたのは奇跡のようなものです」

「そうですか。昔吉瀬さんから、白川がエレベーターの中で寝ているという話を聞きましたが、寝ているんじゃなくて倒れていたんですね」

「その話は僕も聞いています。でも止めて止まる男じゃないし、先行きが短いのだから、好きにやらせるしかないと思っていました」

「学科の人はそれを知っていたんですか？」

「知っているのは、私の外には森先生くらいでしょう。彼もすべてを承知の上で、白川のことを考えてくれました。色々失礼なことを言ったようだけど、森さんは事情を知って許していたんです」

「50までの生命というから、まだ大丈夫だと思っていましたが」

「50歳までは無理だということは、自分でもわかっていたはずですよ。それを知っていて、生きている間はトコトンやろうと思ったんですよ。そういう奴です」

「そうとも知らずに、とんだ大仕事に巻き込んでしまって」

「彼はそれで良かったんです。やりたいことをやったんだし、結婚して2人の子供を残したんだから、それでよかったのではないでしょうか」

「そうですか。でもセンターを作っていなければ、もう少し長生き出来たかもしれません」

「センターは彼の生命でした。まあ白川のためにもう一献やりましょう。学部時代の白川は酒が好きでしたが、病気のことがわかってからは一滴も飲まなくなりました」

「そうだったんですか。本当は好きだったんですか。僕は病気がそれほど悪いとは知らなかったので、初めの頃はコンパで無理に勧めることもありました。グラスの底に3分の1くらいまでついだビールをチビチビ舐めていましたが、本当は飲みたかったんですね」

「じゃあ最後にもう1本」

既に2合徳利5本を空にして、6本目を注文した。店を出る頃には2人とも完全に酩酊《めいてい》していた。久しぶりに酔った私は電車を乗り過ごし、気がついたときは終点の千葉駅だった。

死後2年目の2003年の暮れ、友人たちのアレンジで、かつてドーフマン教授と書いた3編の論文が、あるジャーナルに掲載された。大教授と共著の論文を書くことに、白川は胸を躍らせたはずである。しかしドーフマン教授は、白川の再三の催促にもかかわらず、この論文を放置した。私にはこれがどれほど白川を傷つけたか良くわかる。果たして白川はこの措置を喜んだだろうか。

その年の暮れ、白川とはOR研究部会以来の盟友であるO氏からメールが届いた。白川＝ドーフマン論文が年間最優秀論文に選ばれたので、故人に代わって賞を受け取ってほしいという依頼である。

「何故僕が受け取るのですか？」

「先生は昔から、白川と一緒に仕事をされてきたじゃありませんか」

「それはそうですが、私はあの論文には何も関与していませんし、全く内容がわかりませんでした。代わりに受賞するとなれば、何か一言いわなくちゃいけないでしょうが、それをやるなら奥さんのほうがいいんじゃないですか。あの人は白川と同じ分野の研究をしているわけだから、内容もわかっているでしょう。かつて上司だったというだけで、私がもらって奥さんに渡すより、直接奥さんに差し上げて一言いって頂く方が、差し上げる側も奥さんも嬉しいんじゃないですか」

「そう堅いことを言わないでお願いしますよ。表彰委員会では全員一致で賛成したんですから」

「何か奥さんではダメだという理由でもあるんですか？　もし奥さんがダメなら、ドーフマンさんに受け取ってもらえばいいじゃないですか。あの人が一緒に書いた論文なんですから、来てもらえばいいでしょう。あの人には、それくらいやってもらってもいいと思いますよ」

「時間も迫っているので、それはどうかなあ」

「それじゃ、こうしましょう。奥さんが私に受け取ってほしいと仰言るなら、そのときは再考します。それでどうですか」

私は実行委員会の意図を十分理解していたつもりである。Ｏ氏は私の対応を大人気ないと思っただろうが私には、これを引受けたくない理由があった。幸いなことに、２度目の電話はかかって来なかった。

20章　ドン・キホーテのどこが悪い

白川が死んでから7年が過ぎた。そしてその間に私は10年分歳を取った。

停年を前にした私はかなりくたびれていたが、講義で息切れすることはなかった。白川が死んだ頃もまずまず元気だった。しかしここ1、2年、90分間話を続けるのが辛く感じられるようになった。毎週7コマの講義をやっても平気だった30代に比べると、全くの別人である。どうやら人間は、坂道を登るようにではなく、階段状に歳を取る生き物のようだ。そして新しい段階に到達するたびに、先輩たちが言っていた言葉の意味を知るのである。

白川は長い間、私にとって「＋1」の存在だった。しかし人に対する思いは、対称な構造を持つものである。白川の中で自分が「＋1」から「0」に滑り落ちたとき、私の白川への思いも弱くなった。0－1人間でない私は、「＋1」を「0」に引き下げることはなかった。しかし私にも「＋1」の枠は3つしかなかったのだ。90年代末から次々と降りかかってきた大問題を前にして、離れていった白川は3人の定員枠からはみ出していた。

学生の主催で追悼会が開かれたときや、2つの雑誌に追悼文を書いたとき、私は白川を思って涙をこぼした。センターを作らなければ、そもそも東工大に呼び戻さなければ、と思ったこともある。しかし古川教授が言うとおり、どの道白川は長生き出来なかったのだ。そしてあるときから、私はもう考えても仕方がないと思うことにした。

白川はセンターを作り、その中心人物として思う存分活躍した。いつもハイテンションで理想を語るこの人を、ドン・キホーテと呼ぶ人もいた。しかしドン・キホーテのどこがいけないというのか。日本国再生という理想を掲げ、風車に突進して命を落したが、センターが存続する限りこの人の名は語り継がれるだろう。

白川が死んだあと、「理財工学研究センター」は学外の専門家による業績評価を受け、AAの格付けを獲得した。最初の2年間に5人で書きまくった61編の論文、30種の解説記事、41件の学会発表、8回のシンポジウム、5件のプロジェクト、そして特許申請1件という文句の付けようのない実績に、審査員は最高の評価を与えたのだ。

一方、かつては東工大のライバルと見られた東京大学の「先端経済工学研究センター」は、2004年3月に親元の「先端科学技術研究センター」に吸収合併された。関係者によれば、独立法人化されると弱小センターは運営が難しくなるので、先手を打って合併に踏み切ったのだという。アウトプットで比べれば、東工大は東大を圧していた。そしてわれわれは、たとえ東大はつぶれても、また白川がいなくなっても、東工大は安泰だと思っていたのだ。

ところがここに思いがけない事態が発生する。独立法人化と共に、MOT（技術経営）大学院構想が持ち上がったのである。かねて私は、「理財工学研究センター」を核に、「先端商技術研究科」を設立する構想を温めていた。うまくすればMOT大学院にこの構想を生かすことが出来るかもしれない。丸山教授も大いに乗り気だったが、形勢はセンターにとって著しく不利となっていた。

2000年に入って、一橋と京都に金融工学を研究・教育する組織が設立されたあと、2004年には早稲田と明治が、ファイナンスを目玉とするビジネス・スクールを立ち上げ、2005年には東大経済学部の大学院に金融専攻がスタートした。一橋は着々と拡充に成功し、10人を超えるスタッフを擁しているし、早稲田に至っては20人を超える大組織である。

こうなると、僅か4人の「理財工学研究センター」の影は薄い。このような状況の中、東工大首脳部は、金融工学よりも技術経営や知財問題を前面に押し出した方が有利だと考えた。この分野であれば、今からでも主導権を取れるからだ。しかし文科省は新大学院設立にあたって、いつもどおり学内から何人かのポストを供出することを要求した。

標的になったのはセンターだった。既に述べたとおり、センターは時限組織である上に、自治権のない組織である。新大学院に移籍すれば、自分のやりたい研究を継続することが出来るし、10年でつぶされることもない。

東大の読みは正しかった。大規模な機構改革の中で、最も狙われやすいのが弱小センターなのだ。こうしてセンター・スタッフ4人は、新大学院に移る苦渋の決断を迫られた。辛うじてセンターの名前だけは残ったが、予算も定員もない組織となってしまったのである。

もし当初の計画通り8人のスタッフがいたとすれば、けっしてこのようなことにはならなかっただろう。つまり、「小さく生んで大きく育てる」という言葉を信じて、大蔵省の満額回答を知りながら計画を縮小したのが敗着だったのだ。

より大きな失敗は、〝最も大事なことはいい研究者を集めることだ〟という、エンジニアのナイーブな発想である。いい研究者を集めればいい成果が生まれる。いい成果が出れば自然に研究費がついてくる。研究費があればますます成果が上がり人々の評価が高まるから、適当な時期に人員増を要求する。かくして10年後には当初の計画どおり、世界的研究拠点ができ上がる――。

しかしこれはエンジニアの浅知恵だった。いい人が集まって目覚しい業績を挙げたが、実績に見合う資金的支援は得られなかった。国と金融業界の支援を受けた一橋大学が順調に規模を拡大したのに対して、東工大は当初のまま据え置かれ、独立法人化の流れの中で事実上廃止に追い込まれてしまった。

もしセンター設立と独法化の順序が逆だったなら、われわれは自己規制せずに8人のセンターに向けてつっ走り、金融工学の中心としての地位を確立していただろう。しかし今更言ってもこれは詮無きことである。

一方賢明なる経済学者たちは、〝第一にやるべきことは資金集めだ〟という、エンジニアとは逆の戦略を採用した。まだ実績がなくても、金融界に張り巡らした人材ネットワークとレトリックを駆使して大きな資金を集める。

お金があれば人集めは難しくない。なぜなら金融先進国アメリカでは、経済学部、ビジネス・スクールに加えて理工系部門が金融に参入して、需要を上廻る博士群が生産されているからである。

独立法人化された国立大学は、柔軟な給与体系を組めるようになったから、知名度の高い大物にはアメリカ以上の高給で、駆け出しにはアメリカ以下の薄給で声をかければ、人は集まる。そして彼らにうんと働いてもらえば成果が出る。成果が出れば更に大きなお金が手に入る。

東大が2005年にファイナンスに本格参入したときの基本戦略はこれである。エンジニアはヒトから入り、経済学部はカネから入った。〝Man is mortal, but money is immortal（人は死ぬが、金は死なない）〟というわけだ。

戦略のなさと中心人物の死によって、「理財工学研究センター」は道半ばで挫折した。しかしこのセンターが、わが国の金融工学に大きなインパクトを与えたことは、紛れもない事実である。理工系大学の中で、金融工学が嫡出子としての扱いを受けるようになったのは、「理財工学研究センター」が設立されてからである。

白川がいなければ、「理財工学研究センター」は存在しなかった。そしてこのセンターが設立されなければ、「東大先端経済工学研究センター」も「京大金融工学研究センター」も存在しなかった。そしてこれらの活動がなければ、経済学部が金融に本腰を入れることも無かっただろう。

わが国の金融ビジネスが、今後欧米勢と対等に戦って行くためには、金融技術を磨くことが不可欠である。既に技術者は、そのための技術を身に付けたが、「理財工学研究センター」の挫折は技術だけでは十分でないことを示している。欧米勢と対等以上に戦うためには、「戦略」が必要なのである。

望むらくは、戦略を身に付けた技術者と、技術を身に付けた経済学部出身者が協力して、わが国の金融ビジネスを盛り立ててもらいたいものだが、果たして経済学者は、技術者に匹敵するモラルとエネルギーをもって、学生を育ててくれるだろうか。

あとがき

戦後間もない時代に少年期を過ごした私の最大の楽しみは読書だった。小学生時代、講談社から発行された、世界名作全集を何回読んだだろうか。第1巻『ああ無情』、第2巻『宝島』、第3巻『巌窟王』。以下『乞食王子』、『鉄仮面』、『小公子』と、毎月1冊ずつ刊行されるこのシリーズが図書館の棚に並ぶのを、私は待ちきれなかった。かつて〝血湧き肉躍る〟という言葉があったが、少年の血潮は煮えたぎり、すべて血となり肉となった。

その中で、大人になってからも夢に見た恐ろしい物語が、19世紀の北ドイツの文豪シュトルムの『白馬の騎士』である。海岸線に築かれた防潮堤を管理する役所に勤める青年ハウケ・ハイエンが、嵐の夜防潮堤が決壊するのを自分の身体で防ぎ殉職する。そしてそれからあと、嵐の夜には亡霊となって、白馬にまたがり防潮堤の上を駆け抜けてゆく。

そこに描かれた青年の崇高な行いと、挿し絵の不気味さは少年に強い衝撃を与えた。与えられた職務に生命を捧げて人々を破滅から守り、死した後もなお亡霊となって職務を果たそうとする青年。センターが廃止された時、私の頭に浮かんだのはこの物語だった。

白川は後継者を残さなかった。書物も残さなかった。十数編の論文を書いたが、一流誌に載ったのは、助手時代に書いた3編に過ぎない。そして誠に残念な事ながら、生命をかけたプロジェクトも、当初計画の2割程度しか実現できないまま、2005年3月末で幕を閉じた。

白川はセンターのために生命を捧げた。そして死んだ後も、センターを守るべく働いていた。ところがそのセンターがなくなってしまったのだ。存在の証がなくなったあと、白川はどこに行くのか。夜な夜な自転車に乗り、センターを探してさ迷い歩くのではないか。誰かがそれを止めなくてはならない。

私の母は、8人きょうだいの長女に生まれ、何不自由なく育ったお姫様だった。お姫様は、夫との間に3人の子供を作った。3つ違いの長男は端正な風貌の貴公子で、開校以来の秀才と呼ばれた。一方、父親に似た次男はズングリムックリで、そこそこの成績だった。

次男は兄と自分の間に、どうしようもなく大きな差があることを知っていた。だから幼心に、母から差別されても仕方がないと言い聞かせていた。

小学生時代は、夜暗くなるまで外で遊びまわり、家に帰れば食事をしてすぐ寝た。中学生時代は友達の家に入り浸り、夜遅くまで家に帰らなかった。そして日曜日は、朝から3本立ての映画を見て繁華街をうろつきまわった。こんな次男を母親は叱責した。「お前のような人間は、将来ろくなものにならない」と。次男はそれに反論できなかった。

毎日、「意志薄弱、ろくでなし」という言葉を浴びせられるうちに、次男はやけくそになり、自分を傷めつけた。ここに現れたのが、聖母のような少女だった。この少女の愛を勝ち取るため、少年は自分の中の悪と放縦を押さえ込もうと努力した。今思えば、私はこの少女のおかげで大過なく大人になれたのだ。

母の愛が兄だけに向けられていることに気づいたときに生まれた破滅的性格は、聖母のような少女と友人たちによって制御されていたのだ。この制御棒がなければ、私も白川同様めちゃくちゃな一生を送っただろう。制御棒を取り除いた私、それが白川だったのだ。

嵐の夜に壊れた自転車に乗り、堤防の上を走り回る白川を止めることが出来るのは、白川と同じような少年時代を過ごし、共に大きな敵と戦った戦友だけではないのか。かくして私は、使い古しの制御棒を１００万キロワットの原子炉に差し込み、身をもって少年の魂を鎮めることにしたのである。

この本の出版が決まった２００8年5月、政治やジャーナリズムの世界では、「金融立国論」が支持を集めつつあった。米英にならって、わが国も金融技術を磨くべきだ——。金融工学の（元）第一人者として、私が全国紙の一面に顔写真入りで紹介されたのは、この年の4月のことである。

しかし私は、金融立国論は夢物語だと思っていた。日本の金融機関は体力を取戻しつつあったが、それは政府の低金利政策と景気回復に支えられたものであって、欧米の金融機関のように、国外に乗り出して巨額の収益を上げるようなことは出来ないし、やるべきでもない。また、金融ビジネスは重要な産業であるには違いないが、それがGDPの半分近くを稼ぎ出すような国はまともとは言えない。

こう思っていたところに、サブプライム・ローン危機が発生した。そして2008年9月のリーマン・ブラザーズ破綻をきっかけに、米英の金融帝国は崩壊の危機に瀕している。

そしていま、金融立国論に代わってジャーナリズムを賑わしているのが、「金融工学悪玉論」である。私の顔写真が載ったのと同じ新聞に掲載された、老大家ポール・サミュエルソン教授の「悪魔的でフランケンシュタイン的怪物のような金融工学」発言が、この論調に拍車をかけた。

金融工学バッシングが広がる中で、〝元第一人者〟はこの批判に答えるための本を執筆中である。その主張の要点は、「金融工学に全く責任がないとは言わない。しかし大破局の元凶は、金融工学を使ったふりをして、劣悪な商品を売りまくった、ウォール街・政府・MBA複合体と、それに加担した強欲な投資家たちだ」というものだが、詳細については後日出版される（かもしれない）この本に譲ることにしよう。

しかし本書をお読みくださった方々は、「悪魔的・フランケンシュタイン的」金融工学とは一線を画する、「白馬の騎士的・国民のための」金融工学が存在することを知っていただけたはずである。

革命的な金融システムを生み出すために命を捧げた、「突き抜けたエンジニア」の奮戦と悲運を人々に伝えるため、プライバシー保護のため一部の人名を仮名やイニシャルにし、事実（だけ）をもとにこの本を書いた。あまり前例がない「エンジニアの物語」が、日の目を見ることが出来たのは、間をとり持ってくださった山本稔精氏のおかげである。この人がいなければ、この原稿は依然として私のハードディスクの中に埋もれていただろう。

また原稿を読んで、温かく建設的なアドバイスを下さった新潮社の足立真穂氏と、この本の出版を快く許可して下さった白川いづみ夫人にも、心からの謝意を表する次第である。

２００９年３月

今野浩（こんの・ひろし）
1940年生まれ。東京大学工学部応用物理学科卒業、スタンフォード大学大学院オペレーションズ・リサーチ学科博士課程修了。東京工業大学大学院社会理工学研究科教授等を経て、現在、中央大学理工学部経営システム工学科教授。著書に『理工系離れが“経済力”を奪う』（日本経済新聞出版社）、『役に立つ一次式』（日本評論社）など多数。

すべて僕《ぼく》に任《まか》せてください
東工大《とうこうだい》モーレツ天才助教授《てんさいじょきょうじゅ》の悲劇《ひげき》

著　者
今野《こんの》　浩《ひろし》

発　行
2009年　4月25日

発行者　佐藤隆信
発行所　株式会社新潮社
〒162-8711　東京都新宿区矢来町71
電話　編集部　03-3266-5611
読者係　03-3266-5111
http://www.shinchosha.co.jp
印刷所　二光印刷株式会社
製本所　株式会社大進堂

ISBN 978-4-10-314761-9　C0095

☆新潮クレスト・ブックス☆

素数の音楽　マーカス・デュ・ソートイ　冨永星訳

「数の原子」とも呼ばれる、美しくも不思議な数、素数。世紀を越える超難問「リーマン予想」をめぐって、今も続く天才たちの挑戦を描くスリリングなノンフィクション！

ビューティフル・マインド　天才数学者の絶望と奇跡　シルヴィア・ナサー　塩川優訳

三十年以上も精神の病に苦しみながら、だが奇跡的な回復の末、ノーベル賞に輝いた天才数学者がいた——孤独な魂の、数奇な運命をたどる感動のノンフィクション。

奇跡の脳　ジル・ボルト・テイラー　竹内薫訳

ある朝、脳科学者である私の脳が、壊れた——。脳卒中から再生までの八年間の苦闘を通して、脳に秘められた可能性と神秘を自らが描く。アメリカで50万部の超話題作！

養老訓　養老孟司

長生きすればいいってものではない。けれども、欲を捨て、年をとったからこそ言えることはたくさんある。上機嫌に生きるための道しるべ。著者七〇歳記念刊行！

ほんとうの環境問題　池田清彦　養老孟司

「CO_2排出量削減」？「地球温暖化防止」？そんなことは、どうでもいい。きちんと考えなければならない「問題」は、別にある。環境問題の本質を突く、緊急提言！

正義で地球は救えない　池田清彦　養老孟司

あまりに無益な「CO_2排出量削減」キャンペーン、ひどく不合理な「自然の生態系保護」政策……。「環境を守りましょう」という精神運動はどこまで暴走していくのか。